Musiker in der Casa de la Trova

8 Ciénaga de Zapata
Die urwüchsigste Landschaft Kubas: sumpfiger Dschungel mit Krokodilfarm, Indianerdorf und Stelzenhotel (Seite 55)

9 Palacio de Valle
Traumschloss zwischen Kitsch und Kunst in Cienfuegos, das Bände über den Reichtum seines Erbauers spricht (Seite 62)

10 Trinidad
Die Uhren scheinen in dieser Stadt in tiefster Kolonialzeit stehen geblieben zu sein. Die Unesco ernannte sie zum Weltkulturerbe (Seite 65)

11 Museo Memorial Ernesto Che Guevara
Seit Che Guevara hier seine letzte Ruhe fand, wurde Santa Clara zur Pilgerstätte für seine Fans in aller Welt (Seite 67)

12 Casa de Velázquez
Das älteste Haus Kubas, architektonische Kostbarkeit und Museum in Santiago de Cuba (Seite 76)

Koloniale Pracht in Trinidad

13 Casa de la Trova
Ein Hort kubanischer Musik: Eine Casa de la Trova finden Sie in fast allen Städten – die beste aber in Santiago de Cuba (Seite 80)

14 Tauchen
Kubas karibische Küsten bieten eine Vielzahl phantastischer Spots (Seite 91)

15 Cayo Naranjo
Freizeitpark, Aquarium und Delphinarium. Wer will, kann auch im Nachbau von Fidel Castros elterlicher Finca nächtigen (Seite 95)

★ Die Highlights sind in der Karte auf dem hinteren Umschlag eingetragen

Entdecken Sie Kuba!

Keine andere Insel in der Karibik hat sich so rasant zum touristischen Renner gemausert

Auch auf Kuba gibt's Meerjungfrauen

Willkommen im Land der Lebenskünstler, im sonnigen *socialismo tropical*! Krise? Heute denkt bei Kuba kaum noch jemand an dieses Wort, weil der Tourismus auf der Insel eine heile Welt vorspiegelt. Praktisch aus dem Nichts wurde innerhalb nur eines Jahrzehnts ein Ferienparadies geschaffen, das jährlich rund 1,5 Mio. Urlauber aus aller Welt anlockt. Ferienresorts wurden aus dem Boden gestampft, sozialistische Erholungsheime in moderne Hotels umgewandelt, eine Infrastruktur mit Museen, Freizeitparks, Restaurants, Bars, Shoppingmeilen, Autoverleihern geschaffen, Wanderwege in Nationalparks angelegt, viele Kulturschätze vor dem Verfall gerettet und restauriert, Straßenränder mit Blumenbeeten geschmückt, Propagandaschilder im Design dem internationalen Zeitgeist angepasst und für den Zahlungsverkehr ein Dollar-Devisen-Währungssystem installiert. Eine Leistung, die dem sozialistischen Staat kaum jemand zugetraut hätte. Kuba hat den Touristen den roten Teppich ausgerollt, um in einer kapitalistischen Welt, in der es die mächtigste Nation zum Gegner hat, überleben zu können. David im Clinch mit Goliath – die Sympathien der Welt sind längst auf der Seite des Schwächeren.

Beflügelt wurde die Neugier auf Kuba auch durch Wim Wenders' Film »Buena Vista Social Club«, in dem er vier große Musiker aus dem vorrevolutionären Kuba auf die Leinwand brachte. Sein sensibles Porträt der betagten Protagonisten, ihr ungebrochener Spaß am Musizieren und schließlich ihre Musik selbst brachten eine gigantische Sympathiewelle für Kuba in Gang.

Entdecken Sie Kuba! Es erwartet Sie nicht nur eine Reise auf die größte Insel der Karibik, zu weißen Stränden unter tropisch heißer Sonne, zu exotischen Nationalparks und in Städte, die noch wie auf alten Postkarten aussehen. Es erwartet Sie auch eine Reise in ein Land, in dem man seit über vierzig Jahren anders denkt. Das werden Sie vor allem spüren, wenn Sie Ihr Hotel-

Karibische Verlockung: Palmen, Brandung, weißer Strand an den Playas del Este östlich von Havanna

Geschichtstabelle

1000 v. Chr.–1000 n. Chr. Arawak-Indianer wandern ein

1492 Kolumbus nimmt für die spanische Krone Besitz von Kuba

1522 Die ersten afrikanischen Arbeitssklaven treffen ein

1553 Havanna wird Gouverneurssitz, der Hafen Treffpunkt der Silber- und Goldschiffe aus den neuspanischen Kolonien

1762 England erobert Havanna. Wenig später findet der Tausch gegen das spanische Florida statt

1789–1820 Französische Farmer flüchten mit ihren Sklaven vor der Revolution auf Haiti nach Kuba. Kuba wird größter Zuckerexporteur

1868–78 Erster Unabhängigkeitskrieg gegen Spanien

1870–86 Ende der Sklaverei; Chinesen kommen als Arbeitskräfte

1895–98 Máximo Gómez und José Martí eröffnen den zweiten Unabhängigkeitskampf. Die USA greifen ein. Spanien wird besiegt

1901 Die USA erhalten Interventionsrecht

1902 Kuba wird Republik

ab 1914 Im Ersten Weltkrieg wird Zucker knapp. Kuba erlebt einen Boom

1924 Diktatur unter G. Machado

1929–33 Rückgang des Zuckerabsatzes

1934–52 Verschiedene Präsidenten. F. Batista kommt erst legal, 1952 per Militärputsch an die Macht

1953–59 Widerstandsbewegung unter Fidel Castro. Nach Rückschlägen und Exil in Mexiko marschieren die Rebellen unter Che Guevara in Havanna ein

1960–76 Beginn des US-Handelsembargos. Zuckerabkommen mit der UdSSR

1991–94 Zusammenbruch des Ostblocks. »Spezialperiode« beginnt

1995–98 Kleinunternehmertum wird erlaubt. Der Papst besucht Kuba

2000 Die USA und Kuba streiten um den Jungen Elián González, dessen Mutter bei der Flucht aus Kuba ertrinkt. Im Juni wird der Junge zu seinem Vater nach Kuba zurückgeschickt

2001 40 Jahre US-Embargo. Am 13. Aug. feiert der »Máximo Líder« Fidel Castro seinen 75. Geburtstag

2003 Bei der UN-Vollversammlung stimmen 179 von 190 Nationen gegen eine weitere Wirtschaftsblockade – ohne dass die USA sich davon beeindruckt zeigen

areal verlassen, auf eigene Faust durchs Land reisen und in Privatquartieren, den so genannten *casas particulares*, übernachten. Sie werden in der einfachsten Hütte nicht nur auf Leute eines hohen Bildungsstands treffen, sondern vielleicht sogar kritische Töne hören, z. B. zur fehlenden Presse- oder Reisefreiheit. Dennoch landen Sie meist vor einer Mauer der Verteidigung, sobald Sie in die gleiche Kerbe schlagen. Kubaner können auf Kritik an ihrem Land und an Fidel Castro empfindlich reagieren. Die meisten identifizieren sich mit Kuba, als gehöre es ihnen. Und das tut es ja auch. Castro verteilte das Land nach der Revolution schließlich an »das Volk« und schuf eine in Lateinamerika einzigartige Solidargemeinschaft, deren Geist bis heute nachwirkt. Wer Kuba entdeckt, wird zum Grenzgänger zwischen der kubanischen und der touristischen, also der sozialistischen und der kapitalistischen Wirklichkeit im Land – ein Balanceakt für die Gastgeber wie für den Gast. Kuba unterhält »Schutzzonen« für beide Seiten: auf der einen staatliche Erholungsheime oder Hotels nur für Kubaner und auf der anderen reine Touristenzentren. Und da immer mehr Kubaner auch Devisenrestaurants und -hotels bevölkern, werden Sie auch die Grauzonen kennen lernen, in denen schon die Zukunft schlummert.

»Ein Land, in dem man seit über 40 Jahren anders denkt«

Valle de Viñales: Tabakland zu Füßen der charakteristischen »mogotes«

Am stärksten zeichnet die sich in Havanna am Horizont ab, der »Stadt der Säulen«, wie der kubanische Schriftsteller Alejo Carpentier sie nannte. In der Zwei-Millionen-Metropole drängen sich heute Touristen aus Europa, Japan, Lateinamerika und selbst aus den USA (sie reisen z. B. über Kanada oder Mexiko ein), vor allem durch die bereits restaurierte Altstadt, die Augen auf die herausgeputzten Gebäude aus den glanzvollen Epochen Havannas gerichtet. Immer schon pompöser und weltstädtischer als alle anderen Städte der Karibik, präsentiert sich Havanna nach Jahrzehnten des Verfalls wie Phönix aus der Asche: fast schon wieder so bunt und lebendig wie zu vorrevolutionären Zeiten.

»Havanna: eine Metropole erwacht zu neuem Leben«

Nicht weit von der Metropole entfernt erheben sich sanfte Gebirge, aus denen Quellen sprudeln, blühen Orchideen neben einem Wasserfall, führen Wanderwege durch ein Biosphärenreservat mit üppiger Flora und Fauna. Wenige Kilometer weiter genießen die Gäste der Aussichtshotels von der Terrasse den Blick ins Tal der Mogotes. Bodennebel umwabern die buckligen Kalkberge – ein Bild von mystischer Schönheit. Das Valle de Viñales gilt als das beste Tabakanbaugebiet der Welt. Und daran schließt sich scheinbar das Ende der Welt an: die Halbinsel Guanahacabibes mit dem Taucherziel María La Gorda. Östlich von Havanna locken die Strände der Hauptstadt, das Yumurí-Tal und Kubas berühmtester Badeort: Varadero mit seinem endlosen Strand. Im Südosten von Havanna erwartet Sie das größte Sumpfgebiet der Karibik, die Ciénaga de Zapata, ein von Kanälen, Lagunen und Flüssen durchzogener, von

Die Vorgeschichte

Kubas Sonderweg zur nationalen Unabhängigkeit

Länger als andere Länder der Neuen Welt, bis 1898, blieb Kuba Kolonie. Der Unabhängigkeitskampf gegen Spanien fand nahezu ein Jahrhundert nach dem anderer Länder im nördlichen Südamerika statt und mündete fast übergangslos in eine neue Abhängigkeit, diesmal von den USA. Nachdem diese aus wirtschaftlichen Interessen Kuba zum Sieg gegen Spanien verholfen hatten, sicherten sie durch Militärherrschaft und Interventionsrecht ihre Position. Die Jahre der US-hörigen Diktaturen, zuletzt unter Fulgencio Batista, verschärften zunehmend die sozialen und politischen Konflikte. Der Zeitgeist, beflügelt von den Ideen der Russischen Revolution, tat schließlich ein Übriges. Der Widerstand gegen die Militärherrschaft wuchs, sodass Fidel Castros Rebellenbewegung eine Revolution losbrechen konnte. Am 8. Januar 1959 zog Castro in Havanna ein. Batista war aus Kuba geflohen.

Krokodilen, Seekühen, Schlingpflanzen und Vögeln belebter Urwald.

Das alles ist aber erst der Anfang. Nach dem »Kopf« mit Havanna und Umgebung streckt sich der kubanische Festlandskörper noch fast 1000 km weit in Richtung Haiti. Ein Urlaub reicht nicht, um alles zu entdecken, auch wenn man die größten Distanzen mit dem Flugzeug überbrücken kann. Einige Ziele sind sowieso nur über den Luftweg erreichbar: z. B. die Koralleninsel Cayo Largo mit ihrem Traumstrand oder die für Taucher attraktive Isla de la Juventud.

Holprige Gasse in Trinidad

Wie ein Rückgrat verläuft die Autopista Central in der Mitte des langen Inselkörpers, fädelt dabei eine Provinzmetropole nach der anderen auf. Die erste in Richtung Osten ist Santa Clara, mit deren Einnahme Che Guevara 1956 den Sieg der Revolution einläutete. Die nächste Stadt, Sancti Spíritus, ist das Tor zum Escambray-Gebirge: im Hinterland kühler Nadelwald, Stauseen, tiefe Täler, versteckte Wasserfälle und am Meer die Städte Trinidad und Cienfuegos. Vor allem über die Kopfsteinpflastergassen von Trinidad muss man einmal spaziert sein und den Blick vom Mirador des Stadtmuseums über die roten Dächer der nahezu unversehrt erhaltenen Kolonialstadt aus dem 18. Jh. genossen haben. Hinter Sancti Spíritus wandelt sich Kuba zu einer schier endlosen Ebene von Viehweiden mit vereinzelten Königspalmen, die ein tropischer Himmel überwölbt. In lockeren Abständen liegen hier die Städte Ciego de Ávila, Camagüey, Las Tunas und Holguín, lebenslustige Provinzmetropolen, die fern von Havanna ein reges Eigenleben führen. Und immer wieder laden Stichstraßen zu Abstechern an die Nordküste ein: zur neuen Touristenoase Cayo Santa María oder der Urlaubswelt von Cayo Coco und Cayo Guillermo, zu Buchten und Stränden, Flamingolagunen und Mangrovenwäldern, zu kleinen ersten Hafenstädten der Spanier und den Ferienzentren Playa Santa Lucía und Guardalavaca. Am Ostende trumpft Kuba dann wieder richtig auf: mit einer weiten Flussebene und der Sierra Maestra, die zum höchsten Gipfel des Landes aufsteigt, dazu mit der ältesten Kolonialstadt und Santiago de Cuba, der ersten Hauptstadt der Insel: Der Osten ist das Fundament des Landes, gewürzt mit einer kräftigen Prise afrokubanischen Temperaments.

» Der Osten: das Fundament des Landes «

Von Architektur bis Zucker

Wissenswertes für Neuankömmlinge, die hinter Kubas Kulissen schauen wollen

Architektur
Viele Häuser von Habana vieja stammen noch aus der Zeit des Neobarock, der sich mit dem Zuckerboom des 18. Jhs. in repräsentativen Portalen, in Marmorböden und -säulen manifestierte. Zum Schutz gegen Feuchtigkeit wurden die Wände mit kostbaren Fliesen gekachelt und für Decken und Treppengeländer Mahagoniholz verwendet. Die älteren Balkone sind noch aus Holz; später ging man zu Steinbalkonen mit schmiedeeisernen Ziergittern, den *rejas,* über. Mehrfarbiges, mit Blei verbundenes Glas wurde bald Mode als Lichtfang über Türen, hinter denen sich grüne *patios* mit luftigen Galerien öffnen, die zu den hohen Räumen führen. Zu diesen alten Prachtpalästen kamen Anfang des 20. Jhs. aufwändige Jugendstil-, Art-déco- und Bauhausbauten hinzu. Das älteste Haus Kubas (1522) ist die Casa de Velázquez in Santiago. Hier ist sehr schön die erste kolonialspanische Bauweise der eng mit Lüftungsgittern verkleideten *patio*-Galerie zu erkennen. Die *bohíos,* wie die aus Lehm und Holzstäben erbauten indianischen Hütten heißen, haben als Architektur für Touristenrestaurants und Bungalows überlebt.

Kubas Musik ist zurzeit ein echter Exportschlager des Karibikstaates

Bevölkerung
Bei der letzten Volkszählung bezeichneten sich 66 Prozent der ca. 10 Mio. Kubaner als weiß, 12 Prozent als schwarz, 21,9 Prozent als Mestizen und 0,1 Prozent als Chinesen. Dank der Revolution gibt es in allen Schichten der Bevölkerung das Bewusstsein dafür, gleiche Rechte zu besitzen. Es äußert sich in einem relativ respektvollen Miteinander und hat auch den sonst in Lateinamerika weit verbreiteten *machismo* in Grenzen gehalten.

Che Guevara
Er war Argentinier. Und in die Nähe seines Heimatlandes zog es ihn zuletzt zurück, rastlos von der Idee getrieben, die Welt zu revolutionieren. Geboren am 14. Juni 1928, wurde er am 8. Oktober 1967 in der Nähe der Stadt Higueras in Bolivien gefangen genommen und exekutiert. Ob er Kuba im Streit mit Fidel Castro verließ, darüber streiten sich die Che-Biografen. Sicher ist wohl, dass es Differenzen zwischen dem Praktiker Castro und dem »Chefideologen« der kubani-

Flamingos im Biosphärenreservat Ciénaga de Zapata

schen Revolution gab, lange nach dem gemeinsam erfochtenen Sieg, an dem Che Guevara mit der Eroberung von Santa Clara entscheidenden Anteil hatte. Sein früher Tod hat ihn zum Idol gemacht: In der Karibik gibt es kein größeres – abgesehen vielleicht vom Jamaikaner Bob Marley.

Fauna

Vor allem Vogelkundler kommen auf Kuba ins Schwärmen: 350 Arten wurden gelistet, darunter 300 Zugvögel und 25 endemische Arten wie der Tocororo, der wegen seines blau-rot-weißen Gefieders zum Nationalvogel Kubas erkoren wurde. Säugetiere sind mit 54 Arten vertreten, darunter das in den Gebirgswäldern lebende große Nagetier *Jutía conga*. Zu den 42 Amphibienarten gehört die ungiftige Santa María-Schlange, die bis zu 2 m lang wird. Bemerkenswert unter den 1400 Weichtieren sind die für die Provinz Camagüey typischen Schnecken der Gattung Polymita mit ihren bunt marmorierten Häusern. Vor allem in den Sumpfgebieten wimmelt es von (harmlosen) Insekten. Den schönsten Anblick bieten die Flamingos auf den Lagunen von Cayo Coco oder Playa Santa Lucía, den seltensten die in den Buchten der Ciénaga de Zapata grasenden Seekühe und lauernden Krokodile. In dem von der Unesco zum Biosphärenreservat erklärten Gebiet hat auch eine prähistorische Fischart überlebt: der auf 150 Mio. Jahre geschätzte Manjuarí. Taucher können sich auf über 900 Fischarten freuen.

Film

Einen beachtlichen Ruf über die Landesgrenzen hinaus besitzt das kubanische Filminstitut ICAIC (Instituto Cubano del Arte e Industria Cinematográficos), das zeitweise vom kolumbianischen Literaturnobelpreisträger Gabriel García Márquez geleitet wurde. Zu den erfolgreichsten Filmen gehörte »Erdbeer und Schokolade«, eine heiter-kritische Auseinandersetzung mit dem Thema »Privatsphäre« von Tomás Gutiérrez Álea und Juan Carlos Tabío.

Flora

Typisch für Kuba ist die *palma real,* die Königspalme, die bis zu 40 m hoch wird. Anstelle von Nüssen besitzt sie in dichten Trauben wachsende Fruchtkerne, aus denen Öl gewonnen wird. An vielen Stränden wächst der kräftige Strandweinbaum mit harten, herzförmigen, großen Blättern. Unter dem Laub des dickleibigen Ceibabaumes, der viele städtische Plätze schmückt, sollen sich schon vor der Ankunft der Spanier die Indios zu Beratungen getroffen haben. Zu bizarren Formen bringt es der *jagüey*-Baum, der Wirtsbäume erdrosselt, um sich mit seinen Luftwurzeln auszubreiten. In den höheren Lagen wachsen Pinien, und mit dem Eukalyptusbaum wurden viele Regionen zum Schutz vor Erosion aufgeforstet. Zu den endemischen Pflanzen gehören die Korkpalme, die Bauchpalme und die kubanische Kiefer. Insgesamt wurden 6300 Arten gezählt, 51 Prozent davon sind einheimisch. Die Nationalblume Kubas ist die weiße, stark duftende *mariposa* (Schmetterlingsjasmin).

Hemingway

Vitale Auseinandersetzung mit der Natur, auch der eigenen, war sein Hauptthema. Ernest Hemingway, geboren am 21. Juli 1899 in Oak Park, Illinois, vertrat literarisch einen durch soziales Engagement gebrochenen Machismo und fühlte sich früh von Kuba angezogen, wo er 1928 und in den Jahren 1932 bis 1961 wiederholt lebte. Stolz und Ehre, Sieg und Niederlage waren seine Themen. Sie bestimmen auch den Roman »Der alte Mann und das Meer«, für den er 1954 den Literaturnobelpreis erhielt. Inspiriert dazu haben ihn seine Angelausflüge von Cojímar bei Havanna. Stets auf der Seite der Kämpfer, begrüßte er Fidel Castros Revolution und blieb auf Kuba. Doch im Kampf gegen sich selbst versagte er. Neunzehn Tage vor seinem 62. Geburtstag erschoss sich Hemingway während eines Jagdausflugs in Ketchum/Idaho.

Literatur

Die bedeutendsten kubanischen Schriftsteller sind José Martí (1853 bis 95), José Lezama Lima (1910 bis 76), Alejo Carpentier (1904–80) und der Lyriker Nicolás Guillén (1902–89). Der berühmteste unter ihnen, zumindest in Lateinamerika, ist José Martí. Er hatte früh unter politischer Repression zu leiden. Er reiste viel und hinterließ ein umfangreiches Werk an Briefen, Reden, Essays und Gedichtbänden, als er im Freiheitskampf für Kuba jung starb. Zu den bekanntesten zeitgenössischen Schriftstellern des Landes zählt Miguel Barnet (geb. 1949), der 1966 den »Cimarrón« veröffentlichte und mit dieser Geschichte eines entlaufenen Sklaven einen Zyklus über die kubanische Identität eröffnete, darunter »Ein Kubaner in New York« und »Alle träumten von Kuba«. Guillermo Cabrera Infante (geb. 1929) wurde mit den Romanen »Drei traurige Tiger« und »Ansicht der Tropen im Morgengrauen« bekannt.

Musik

Kubas Rhythmen, afrospanisch und teilweise auch französisch beeinflusst, genossen dank Havannas

Schlüsselposition als Brückenkopf zwischen Europa und der Neuen Welt früh große Popularität in Europa, später auch in den USA. Um die letzte Jahrhundertwende entstand daraus der elegante und üppig mit Instrumenten besetzte *Danzón*. Die Kubaner auf dem Land liebten ihn leichter und afrikanischer; sie wandelten ihn später in den *Son* um. Seit dem Film »Buena Vista Social Club« ist er wieder das Markenzeichen Kubas. *Trova* sind liebessehnsüchtige Troubadour-Gitarrengesänge und *Nueva Trova* lediglich deren revolutionäre Politvariante. Als größter Sonero aller Zeiten gilt der mit 43 Jahren verstorbene Benny Moré. Seine Kompositionen beeinflussten die Entwicklung der Salsa. Das wohl berühmteste kubanische Lied ist »Guantanamera«, dessen romantischer Text von José Martí stammt.

Tabak

In Kubas Westprovinz Pinar del Río wächst aufgrund der günstigen Bodenverhältnisse der weltweit beste Tabak. Nach einer Wachstumsperiode von drei Monaten werden die Blätter geerntet, sortiert und in Trockenspeichern oder -gestellen getrocknet. Regelmäßiges Befeuchten gewährleistet eine gleichmäßige Fermentierung. Es gibt 15 Güteklassen. Die besten sind die dunklen Blätter *(hojas negras)*. Zigarren werden in Handarbeit hergestellt – wie, das ist bei einem Besuch in einer der Zigarrenfabriken zu sehen.

Salsa einer Revolution

Wenn Volkshelden in die Jahre kommen

Die Losung von Fidel Castro lautete immer: »Die schönste politische Idee ist die, die dem Volk seine Freiheiten erhält und seine Bedürfnisse befriedigt.« Castro kämpfte dafür gegen das Batista-Regime und gegen die USA. Er verlor Gefechte, Kampfgefährten und die Freiheit und ging ins Exil, um wiederzukehren und erneut zu kämpfen. Bis er schließlich – die Mehrheit des kubanischen Volkes im Rücken – tatsächlich siegte. Ein Held, und kein bequemer, damals wie heute. »Die Welt ist in den Händen der Kapitalisten«, bekannte er 1994, »und eine so reine und starke Revolution wie die unsrige ist dazu verpflichtet, diese Wirklichkeit zu berücksichtigen.« Seitdem kämpft er um das Überleben seiner Idee in einer kapitalistischen Welt, gegen eine mächtige exilkubanische Lobby in den USA, die nichts unterließ, ihn zu stürzen, und gegen alle, die meinen, er sei allmählich zu alt zum Regieren. Vehement scheint er heute dokumentieren zu wollen, dass er noch da ist. Für die Kubaner wurde das Leben dadurch nicht leichter. Wer noch auf der Suche nach Urlaubslektüre ist: Von kleinen und großen Alltagssorgen, aber auch von Träumen und Wünschen erzählen kubanische Autoren auf höchst kurzweilige Weise in dem Buch »Cubanísimo!« (Hg.: Michi Strausfeld).

Bucklige Kalksteinfelsen überragen die Tabakfelder im Valle de Viñales

Wirtschaft

Kuba verdiente zuletzt mit dem Tourismus rund 43 Prozent seiner Deviseneinnahmen. Neben dem Tourismus wurden seit der *opción cero* (1993), der »Stunde Null« nach dem Zusammenbruch der Sowjetunion bzw. dem Verlust des wichtigsten Handelspartners, neue Einnahmequellen geschaffen: z. B. mit dem Anbau von Ananas und Zitrusfrüchten, dem Export von Fruchtsäften und der Langustenzucht, bei der Kuba heute zweitgrößter Exporteur der Welt ist. Dank zahlreicher neuer Handelsabkommen mit den Ländern der EU, mit Kanada und Staaten Lateinamerikas stabilisierten sich auch die Absatzmärkte für Zucker (dessen Anteil liegt heute nur noch bei 25 Prozent der landwirtschaftlichen Produktion), Tabak, Kakao und Kaffee. Außerdem ist Kuba der viertgrößte Lieferant von Nickel in der Welt. Die USA haben ihr Handelsembargo, das sie Anfang der 1960er-Jahre über Kuba verhängten, bisher noch nicht gelockert.

Zucker

Das von Christoph Kolumbus eingeführte Zuckerrohr wird auf Kuba erst seit dem späten 18. Jh. in großem Umfang kultiviert. Um an dem damaligen Zuckerboom teilhaben zu können, wurden weite Teile des Landes gerodet. 1791 war Kuba der Welt größter Zuckerproduzent. Diese Rolle konnte die Insel weiter ausbauen, vor allem während des Ersten Weltkriegs, doch wurde sie zunehmend zum Hauptlieferanten der USA. Nach der Revolution versorgte Kuba die Sowjetunion mit Zucker. Inzwischen wird er als Tauschgut Russland, China und neuen Handelspartnern in Europa und Kanada angeboten.

Die Ernte, die *zafra,* findet meist Ende November und Mai (Beginn und Ende der Trockenzeit) statt. Sie ist größtenteils Handarbeit. Die Zuckerrohrstangen ergeben ausgepresst den Saft *guarapo,* aus dem nach mehrmaligem Kochen Rohzucker wird. Die bei der Reinigung des Saftes anfallende Melasse dient zur Rumherstellung.

Meeresfrüchte und Cuba libre

Neben Cocktails, Fisch und Schalentieren bereichert Hausmannskost mit Frischem von den Bauernmärkten die kubanische Küche

Eine Limette, sechs frische Minzeblätter, ein Teelöffel Zucker, zwei Zentiliter Rum, Sodawasser, ein Minzezweig hinein – fertig ist Kubas Nationalgetränk, der *Mojito*. Oder wie wär's mit einem zartgrünen *Daiquirí* aus Zuckerrohrsirup, Rum und Limonensaft, wie ihn Ernest Hemingway so geliebt haben soll? Oder mit einem *Mary Pickford*, einem *Havanna-Spezial*, einem *Canchanchara* und nicht zuletzt einem *Cuba libre?* Dazu die Atmosphäre einer Bar aus Havannas berühmt-berüchtigten 1920er- und 1930er-Jahren, als die US-Mafiosi Al Capone und Meyer Lansky hier Stammgäste waren, vor allem aber der trinkfreudige Hemingway.

Die Cocktailbars zehren von der legendenumwobenen Zeit der Prohibition (Verbot von Alkoholherstellung und -konsum 1920–33) in den USA. Damals war Kuba die einzig legale und dazu noch schön tropisch gelegene Tankstelle für Trinklustige und Drehscheibe des Alkoholgeschäfts. Hemingways Lieblingsbar *El Floridita* und *La Bodeguita del Medio* gehören zum Pflichtprogramm eines Havanna-Besuchs. Ob *Cuba libre, Mojito* oder *Daiquirí*: Zum Mixen nimmt man weißen Rum, der fünf oder mehr Jahre in Eichenholzfässern gereift ist. Mit höherem Alter weist er eine dunklere Farbe auf und wird *añejo* genannt. Den Rum genießt man pur *(ron seco)* oder on the rocks *(ron con hielo)*. Der bekannteste Rum der Welt kommt ursprünglich aus Kuba: Bacardí. Unvergessen blieb der *Havanna-Club,* in dem sich US-Geschäftsleute trafen und die Rumbrenner-Dynastie Bacardí ihren Gästen kostenlos Rum ausschenkte. Nach der Revolution flohen die Bacardís nach Puerto Rico, doch pflegt Kuba das Erbe seiner berühmtesten Exilantenfamilie. Verewigt wurde der Name »Habana Club« vor allem im Rum des revolutionären Kubas. Die längst weltweit vertriebene Marke macht dem Bacardí-Imperium zwar nicht ernsthaft Konkurrenz, doch an Qualität steht er dem vorrevolutionären Vorgänger kaum nach. Der Club in Havanna wurde inzwischen restauriert und als exklusiver Treff für Diplomaten und Geschäftsleute wieder eröffnet.

Rum und Kokosnuss: Strandverkäufer in Santa María del Mar

Biertrinker können unter mehreren Sorten wählen. Erfrischend

Kubanische Spezialitäten

Lassen Sie sich diese Köstlichkeiten gut schmecken!

ajiaco bayamés – mit Kreuzkümmel, Tomaten, Zwiebeln, Knoblauch, Chili und Salz gewürzter und mit reichlich Schweinefleischstückchen, Maisbällchen und ungeschält gekochten grünen Bananen angereicherter Eintopf aus Bayamo

arroz con pescado al ron – Reis mit in Rum getränktem Fisch, mit Nelken und Pfeffer gewürzt

bacalao con plátano – Kabeljau mit gekochter grüner Banane

bocadito – warmes, belegtes Brötchen

arroz congrí (oriental) – Reis mit Bohnen, Knoblauch und Speckstückchen

calamares – Tintenfischringe

carne asada – geschmortes Fleisch, meist mit Möhren, Knoblauch, Zwiebel, Porree und Tomate, gewürzt mit Oregano und Lorbeer

coquito blanco – süße Nachspeise aus Kokosnussfleisch, das mit Zucker, Wasser und Honig so lange geköchelt wird, bis es dickflüssig ist

patas y panza guisado con arroz blanco – Füße und Bauch vom Schwein, mit Piment, Salz, Tomatenmark und Knoblauch in Wasser gekocht, mit weißem Reis

pato guisado – geschmorte Ente

parrillada de pescado/carne – Grillplatte von Fisch bzw. Fleisch

picadillo a la Habanera – Rinderhack, das mit Zwiebeln, Knoblauch, Tomaten und trockenem Wein geschmort wird und noch mit Spiegeleiern gekrönt werden kann; dazu wird weißer Reis gegessen

pollo ahumado – herzhaftes, vor dem Braten geräuchertes Huhn

pollo frito a la criolla – Hähnchenteile, die vor dem Braten in einer Marinade aus Orangen, Piment, Zwiebeln und Knoblauch eingelegt und mit Mehl paniert wurden

potaje de frijoles negros – Eintopf von schwarzen Bohnen mit Speck, Chorizostückchen und ein paar Kartoffelstückchen, gewürzt mit Oregano, Kümmel, Knoblauch, Tomatenmark, Zwiebeln und Salz

riñon guisado con papas – in Brühe mit Knoblauch, Tomatenmark, Lorbeer, Pfeffer und Zwiebel geschmorte Nierchen mit Kartoffeln; beliebtes Gericht im Oriente

ropa vieja – »alte Kleider«, mit Lorbeer und Piment weich gekochtes und in Stücke gerupftes Rindfleisch, das in einer würzigen Sauce zu weißem Reis gegessen wird

wie ein leichtes Pils ist z. B. das Bier *Cristal*. Kaffeetrinker sollten den *café cubano* probieren, der in kleinen Tassen schwarz und gezuckert serviert wird. *Guarapo* heißt der trübe, leicht süße, ausgepresste Saft des Zuckerrohrs. Er ist trotz seiner Süße erfrischend und gilt als besonders proteinhaltig. Ein besonderer Genuss sind die frisch gepressten sonnengereifter Tropenfrüchte wie von *piñas* (Ananas), Mangos, Papayas, Guaven, Zitronen bzw. Limonen, Apfelsinen und Grapefruit.

Das Thema »Speisen« war lange von der schlechten Versorgungslage überschattet. Gelegentlich ist diese heute noch spürbar. Wundern Sie sich deshalb nicht, wenn es in Restaurants nur eine kleine Auswahl an Speisen gibt oder auf der Karte angebotene »im Moment« nicht zu haben sind. Anders sieht es in den *paladares*, den privaten Restaurants, aus. Die Gastwirte kaufen Frisches zu Pesopreisen auf den Märkten und zaubern auf Wunsch für meist zivile Dollarpreise wunderbare kubanische Gerichte, wie man sie selten in den Lokalen bekommt. Übrigens: Wenn man Ihnen als Gast in einer *casa particular* die Zubereitung von Hauptmahlzeiten anbietet, ist das mehr als eine Höflichkeitsfloskel. Die Gastwirte zahlen für das Recht der Beköstigung hohe Steuern. Wenn Sie annehmen, ist also sowohl Ihrem Hunger als auch Ihren Gastgebern geholfen. Melden Sie Ihre Wünsche aber zwei Stunden im Voraus oder beim Frühstück an, denn so manche Zutat muss erst besorgt werden.

Zu den beliebtesten Speisen gehört Hühnchen. Die Einheimischen essen es gern knusprig frittiert. Typische Beilage ist Reis mit schwarzen

Leckerer Snack am Straßenrand

Bohnen, *arroz moro*. In Suppen und als Beilage werden häufig auch gekochte Süßkartoffel *(malanga* oder *boniato* genannt), *ñame* (Jamswurzel) oder Maniokwurzel *(yuca)* gereicht. *Plátanos* (Kochbananen) werden oft als frittierte Scheibchen zu Fisch und Fleisch serviert.

Suppen gehören zur traditionellen kubanischen Küche, die stark spanisch-maurisch beeinflusst ist. Ein ursprünglich spanischer »Klassiker«, den man häufig auf den Speisekarten findet, ist z. B. die *sopa de ajo*, eine einfache, aber köstliche Knoblauchsuppe. Auch aus gekochter *calabaza* (Kürbis), aus Zwiebeln und Mais sowie aus *frijoles* (schwarzen Bohnen) wissen die Kubaner herzhafte Magenwärmer zu zaubern.

Größte Delikatessen sind natürlich Meeresfrüchte wie z. B. Langusten, an denen zumindest in den Hotels niemals Mangel herrscht. Fisch wird gekocht *(hervido)*, gebraten *(asado)*, auf Pizza und in Teigbällchen verbacken oder als *salpicón* (Salat) gereicht.

Für den Besuch der besseren Restaurants gilt: Der Gast wartet am Eingang, bis ein Kellner ihn zu einem freien Tisch führt. Eine Voranmeldung ist meist nicht nötig.

Ein Paradies zum Stöbern

Flohmärkte, Kleinkunst, edle Havannas, Musik für Kenner

Wie ein Versprechen funkelt die futuristisch verglaste Shoppingmall Galería de Paseo gegenüber dem Melía Cohiba in Havanna in der Sonne: Kuba ist auf dem Weg in eine bunte Konsumwelt. Längst sind in den Städten die traditionellen Geschäftsstraßen wieder zum Leben erwacht und die Läden meist gut gefüllt – wenn auch mit »Luxusgütern«, die für die Mehrheit der Kubaner noch unerschwinglich sind.

Havanna ist auch die beste Adresse für anspruchsvolle Souvenirjäger. Kunst aus Kuba findet sich hier in großer Auswahl, sei es in den Galerien der Calle Obispo, in der Taller experimental de Gráfico bei der Plaza de Catedral oder auf dem Kunstmarkt beim Castillo de la Real Fuerza. Wie überall auf der Welt zahlt der Liebhaber in den Galerien mehr für Kunstwerke als direkt beim Künstler. So manches Talent ist auf den Märkten persönlich anzutreffen. Wer ein großformatiges Bild mit nach Hause nehmen will, braucht ein spezielles Zertifikat. Außerdem muss das Bild mit einem Stempel *(sello)* versehen sein. Ohne Papier und Stempel darf das Bild nicht ausgeführt werden. Inzwischen stapeln sich an den Flughäfen beschlagnahmte Bilder, weil diese Ausfuhrvoraussetzungen fehlten. Da oft auch schon ungültige Zertifikate ausgestellt wurden, sollten Sie unbedingt vor der Ausreise die Richtigkeit des Papiers prüfen lassen.

Ob realistisch, naiv oder kubistisch: die Werke kubanischer Künstler sind stets plakativ und farbenfroh

Eine Fundgrube für Freunde antiquarischer kubanischer Bücher, Magazine oder alter handkolorierter Postkarten z. B. von Havanna oder Santiago de Cuba ist der Büchermarkt auf der Plaza de Armas in Havanna. Wo früher hauptsächliche revolutionäre Schriften angeboten wurden, sind heute jede Menge vorrevolutionäre Bücher und Magazine zu haben, darunter US-amerikanische Magazine aus den 1930er-Jahren oder von noch früher.

Modisch Interessierte finden vielleicht Gefallen an den wunderbar leichten weißen Baumwollkleidern und Blusen der kubanischen Textildesignergruppe Quitrin, die in Havanna einen eigenen Laden betreibt. Der Stil ist kubanischer Folklore entlehnt. Auf den Märkten mit den privaten Souvenirständen, die es vor allem in Havanna und Varadero gibt, bieten Kunsthandwerker

Stilvoll: Zigarrenherstellung bei anregendem Havannaduft

jede Menge selbst gebastelte und in Heimarbeit produzierte Souvenirs an, um sich ein paar Euro oder Dollars zu verdienen. Praktisch sind die in allen Größen und verschiedensten Formen hergestellten Hüte aus Stroh oder grünen, geflochtenen Palmblätterstreifen, denn ohne Sonnenschutz kommt man auf Kuba kaum aus. Kess sind Durchblicke gewährende, gehäkelte Strandhemdchen oder Röckchen. Wer es vorzieht, statt des eigenen Körpers lieber die Wohnung mit der oft spitzenartigen Häkelkunst zu schmücken, findet reichlich dekorative Deckchen, die schönsten in Trinidad. An provisorischen Ständen wird Schmuck aus Muscheln und Silberdraht oder aus Holz angeboten, daneben gibt es auch Reproduktionen alter spanischer Segler in Modellgröße. Freizeitmaler übertreffen sich gegenseitig mit romantischen Sonnenuntergängen und Landschaftsbildern.

Wer an Ausflügen teilnimmt, wird zu den staatlichen Läden geführt, die heute mit dem poppigbunten Schneckenmuschelsymbol und dem Zusatz »Caracol« im Avantgardedesign gekennzeichnet sind. Sie und die über alle Touristenzentren im Land verteilten Artex-Läden führen ein schier überquellendes Angebot. Kurioses wie die aus getrockneten Sisalblattstreifen geflochtenen kleinen Garten- oder Kindermöbel gibt's hier ebenso wie Schmuck aus kombinierten Materialien, etwa Silber, Holz, Muscheln und Koralle, kreolische Stoffpuppen in allen Größen sowie naive Kunst.

Musikfreunde, die in Kuba auf den Spuren des »Buena Vista Social Clubs« wandeln wollen, können ihre CD-Sammlung mit Son-Musik gut und günstig direkt nach den Livekonzerten in den verschiedenen Casas de La Trova oder anderen Lokalitäten erweitern. Seit die Welt verrückt ist nach musizierenden Veteranen, haben sich zahlreiche ähnliche Bands im Land formiert, wie z. B. »Los Jubilados« aus Santiago de Cuba oder »Los 5 del Sabor« aus Florida bei Camagüey. Sie verkaufen nach der Vorstellung für meist 10 US $ ihre eigenen CDs – auf Wunsch auch von den Bandmitgliedern signiert. In den Läden sind überwiegend Scheiben des kubanischen Aufnahmestudios EGREM erhältlich, das auch mit Compay Segundo und Ibrahim Ferrer CDs produzierte. Stark vertreten ist die Son-Legende Benny Moré. Wer sich einen Überblick über die Musik Kubas verschaffen will, ist gut bedient mit den CDs »Antología de la Música Cubana«. CDs kosten mit 15 US $ etwa genauso viel wie bei uns.

Besonders typisch für Kuba sind natürlich die verschiedenen Rumsorten des Habana Clubs, die drei, fünf, sieben oder fünfzehn Jahre reifen, kubanischer Kaffee und vor allem kubanische Zigarren, die bekanntlich als die edelsten und feinsten der Welt gelten.

Die beste und anregendste Gelegenheit für den Einkauf von echten Havannas bietet der Besuch einer der vielen Zigarrenfabriken *(fábricas de tabaco)*, wo man den *tabaqueros* bei ihrer Arbeit zusehen darf. Sie sitzen wie in einer Schulklasse auf alten Holzbänken, rollen auf Mangobrettern die reifen und für die einzelnen Lagen der Zigarre verschiedenen Tabakblätter, beschneiden die halb fertige Zigarre, legen kunstgerecht das Deckblatt an und betten das gute Stück dann in ein Kästchen aus Zedernholz mit dem Gütesiegel *Hecho en Cuba totalmente a mano.*

Die echten Havannas der Marken Cohiba, Montecristo, Partagás, H. Upmann oder Romeo y Julieta sind auch auf Kuba nicht ganz billig. Die teuerste Cohiba Esplendido kostet im Laden 15,35 US $, die preisgünstigste 5,55 US $. Vorsicht bei Angeboten auf der Straße: Fast immer handelt es sich dabei um Fälschungen! Für die Ausfuhr von mehr als 23 Zigarren müssen seit 2003 ein Plastiksiegel *(Oleográfico)* und eine Exportrechnung *(factura de venta de exporto)* vorhanden sein.

Kurz vor dem Abflug, in der Duty-free-Zone des Flughafens von Varadero, ergibt sich die letzte Gelegenheit, ein besonderes Mitbringsel zu kaufen: eine ganze Languste. Sie kommt für den langen Heimflug – lebend oder tiefgefroren – zusammen mit Kühlbeuteln in eine Kartonbox. Das Pfund kostet 25 US $. Beim Kauf erhalten die Kunden das notwendige Zertifikat für die Einfuhr in die Länder der EU.

Öffnungszeiten: Geschäfte Mo bis Sa 10/11–19.30, Touristenshops tgl. 9–21, Banken/Wechselstuben Mo–Fr 8.30–12, 13.30–15, Postämter (Correo) Mo–Fr 8–18 Uhr, Läden in den Servi-Tankstellen durchgehend

Feste, Events und mehr

Karneval und renommierte Festivals lockern den revolutionären Festkalender auf

Kuba feiert gründlicher als viele seiner karibischen Nachbarn, oft mit hohem künstlerischem Anspruch. Vor allem die diversen Festi-

Mode von vor 500 Jahren

vals sind von international beachtetem Rang, allen voran das Festival Internacional del Nuevo Cine Latinoamericano, das Internationale Festival des neuen lateinamerikanischen Films in Havanna, das meist im Dezember unter großer Beteiligung von Vertretern nahezu aller lateinamerikanischen Länder stattfindet. Andere Festivals haben Kuba inzwischen, kulturell gesehen, wieder in den Mittelpunkt der Karibik gerückt. Dazu gehören in Havanna der im Turnus von zwei Jahren stattfindende Internationale Gitarrenwettbewerb, das Internationale Benny-Moré-Festival für Volksmusik in Cienfuegos. Aber auch die jährliche Vergabe des kubanischen Literaturpreises, das Internationale Jazzfestival und die alle zwei Jahre stattfindende Biennale der Bildenden Künste in Havanna erfreuen sich großer Aufmerksamkeit. Aktuelle Kulturinfos (spanisch/englisch) unter *www.loseventos.cu*

Feiertage

1./2. Jan. *Día de la Liberación* (Befreiungstag); **8. März** *Internat. Frauentag;* **1. Mai** *Tag der Arbeit* (mit Rede Fidel Castros); **25.–27. Juli** *Día de la Rebeldía Nacional* (Tag des Sturms auf die Moncada-Kaserne); **10. Okt.** *Aniversario de las Guerras de Independencia* (Jahrestag der Freiheitskriege)

Veranstaltungen

Dezember/Januar

Feria Internacional de Artesanía in Havanna: große Kunsthandwerksmesse mit Ausstellern aus aller Welt, vor allem aber aus Lateinamerika und der Karibik

Februar
Fiesta de las Toronjas, Grapefruiternte auf der Isla de la Juventud, bei der viel *guachi* (Grapefruitschnaps) fließt

März
Musikfestival Benny Moré (wechselnde Termine) in Cienfuegos

Mai
Cubadisco internacional: Messe für Tonträger von U- und E-Musik; Info: *icm@uneac.co.cu*

Juni
Hemingway-Angelwettbewerb in Barlovento, Havanna

Juli
Festival del Caribe: Musik- und Tanzgruppen aus der Karibik heizen Santiago de Cuba Anfang des Monats ein; Ende des Monats folgt dann der Höhepunkt mit dem ★ *Karneval* in Santiago de Cuba, dem heißesten der Insel

Juli/August
Karneval in Havanna: Maskeraden, Umzüge, Straßen- und Kinderfeste mit Livemusik und Tribünen auf dem Malecón

August
Festival de Teatro de la Habana, meistens Ende Aug. bis Anfang Sept.; *www.festivalteatro.cult.cu*

Oktober
Fiesta de la Cultura Iberoamericana; Lesungen, Videovorführungen, Ausstellungen in Holguín
Internationales Ballettfestival in Havanna (meist letzte Woche im Oktober)

November
Alle 2 Jahre Beginn der *Bienal de Habana* für plastische Künste im Centro Wifredo Lam (nächste 2005)
Copa Varadero: Segelregatta vor Varadero

Dezember
★ *Festival Internacional del Nuevo Cine Latinoamericano,* Internationales Festival des neuen lateinamerikanischen Films in Havanna; *www.havanafilmfestival.com*
Festival Internacional de Coros, Chorfestival in Santiago de Cuba
Ende Dez.: *Parrandas* (karnevalartige Umzüge) in Remedios
Insider Tipp *Regatta Felíz Navidad:* Die Weihnachtsregatta von der Marina Hemingway bis zur Festung El Morro *(Infos: yachtclub@cnih.mh.cyt.cu)* ist der prachtvolle Abschluss des Jahres in der Hauptstadt

Das Kubanische Nationalballett

MARIANAO
114
Y 31
01 BL 80

Die Diva der Antillen

Bars, Bodegas und Baluarten: Keine andere Stadt in der Karibik zieht Besucher so in den Bann wie das Unesco-Welterbe Havanna

Karte in der hinteren Umschlagklappe

In Havanna, mein Lieber, geht alles, wenn du kein Langeweiler bist.« So spricht der Volksmund über das Leben in der Metropole Kubas. Und nach langer, revolutionsbedingter Pause ist dieser Satz wieder zutreffend. Die Anstrengungen unter der Regie des Stadthistorikers Eusebio Leal Spengler, vor allem das historische Zentrum aufzumöbeln, haben Havanna (ca. 3 Mio. Ew. im Großraum) ein neues Flair und eine gehörige Portion Selbstbewusstsein eingebracht. Noch mag die glitzernde Warenwelt einer Metropole fehlen, noch türmen sich hinter reparierten Fassaden Schutthalden und droht so manches Gebäude jeden Moment einzustürzen: Tatsachen, die aber die Atmosphäre nicht mehr bedrücken. Mit Improvisationstalent geht es täglich weiter voran.

So bietet die von den Revolutionären jahrzehntelang wenig geliebte und deshalb stark vernachlässigte Karibikmetropole heute ein atemberaubendes Bild wiederhergestellter Schönheit neben dramatischen Spuren des Verfalls. Ein Anblick, der zweifellos zu den großen Reiseerlebnissen gehört. Schließlich versinnbildlicht er auch in gewisser Weise den Verfall des »reinen« Sozialismus und die Wiederkehr der Vergangenheit.

Die berühmten Autoveteranen sind auf Kubas Straßen immer seltener zu sehen

Havannas größte Attraktion ist die 1982 von der Unesco zum Kulturgut der Menschheit erklärte historische Altstadt. Enge Straßenschluchten zwischen hohen barocken und klassizistischen Gebäuden prägen diese *ciudad vieja.* Auf uralten Pflastersteinen spaziert man über Plätze, auf denen früher die Kutschen der feinen Leute parkten, vorbei an hohen Flügeltüren, die Einblicke in herrschaftliche Eingangshallen oder säulengerahmte *patios* bieten, betritt Marmorböden und gleitet mit der Hand über geschwungene Geländer aus Mahagoni. Auch der berühmte Malecón beginnt hier: Fast sehnsuchtsvoll zur Straße von Florida gewandt, ist er die Kaimauer der *enamorados*, der Verliebten, und Schaumeile brüchig gewordener säulengeschmückter Fassaden. Gen Westen schwingt er kilometerweit entlang der Küste bis in die Neustadt Vedado und endet

Die MARCO POLO Bitte

Marco Polo war der erste Weltreisende. Er reiste in friedlicher Absicht, verband Ost und West. Er wollte die Welt entdecken, fremde Kulturen kennen lernen, nicht zerstören. Könnte er heute für uns Reisende nicht Vorbild sein? Aufgeschlossen und friedlich sollte unsere Haltung auf Reisen sein. Dazu gehören auch Respekt vor Mensch und Tier und die Bewahrung der Umwelt.

am Tunnel zur Quinta Avenida, der von Villen bestandenen Prachtstraße von Miramar, wo heute viele Botschaften ihren Sitz haben.

Und im Osten, bevor er in die Avenida del Puerto übergeht, kann man in den Tunnel abzweigen, der die engste Stelle der Hafeneinfahrt unterführt. Er mündet auf der anderen Seite direkt in die Vía Blanca, die Schnellstraße nach Varadero, mit der Zufahrt zum Complejo El Morro gleich zu Beginn und wenig später den Abfahrten zu den schönen Stränden und kleinen pinienbeschatteten Dünen der Playas del Este.

Von Havanna wird auch die zweitgrößte Insel des kubanischen Archipels, die Isla de la Juventud, angeflogen, die nach Robert Louis Stevensons Roman auch »Schatzinsel«* genannt wird. In den Riffen, Grotten und Steilhängen vor ihrer Küste werden Taucherträume wahr.

HABANA VIEJA/ CENTRO

★ Gasse für Gasse, Platz für Platz geschmückt mit prächtigen Bauten verschiedener Epochen – und überall Musik: *Habana vieja*, die Altstadt, ist ein lebenspralles Monument für den jahrhundertelangen, fast ununterbrochenen Aufstieg der Stadt zu einer der einst reichsten Amerikas. Jede Epoche hat ihre Spuren hinterlassen. Aus der Anfangszeit Mitte des 16. Jhs., als Spanien die kleine, von Diego Velázquez gegründete Villa San Cristóbal de La Habana in den Stand des *Puerto Principal* erhob, stammen noch die Plaza de Armas, das Fort Castillo de Real Fuerza und die Straßen Los Oficios und Los Mercaderes. Welcher Reichtum nach dieser Beförderung zum Sammelhafen aller spanischen Schatzschiffe aus Mittel- und Südamerika gegen Piraten offenbar zu verteidigen war, davon erzählen bis heute Reste der alten Stadtmauer, vereinzelte Baluarten vor allem aber der gigantische Festungskomplex El Morro.

Auf Schritt und Tritt begegnen dem Spaziergänger Zeugen aus Kubas Zeit als größter Zuckerlieferant der Welt: Prachtvolle Adelspaläste mit langen Holzbalkonen, fürstlichen Portalen oder hohen Holztüren mit phantasievollen *bocallaves* (Türklopfern), die auf arkadengeschmückte Patios und in Räume mit kostbaren Kassettendecken führen, erinnern an den sagenhaften Wohlstand derer, die von Spanien als Statthalter der blühenden Kolonie eingesetzt waren. An die Altstadt grenzt im Süden das Viertel *Cerro* mit vielen *quintas* (Sommerhäusern in Gärten) aus dem 19. Jh. Der Parque Central mit dem Capitol und das sich dahinter mit günstigen Restaurants und Kneipen ausbreitende alte *Barrio Chino* gehören dann schon zu Habana Centro. Mit der lebhaften Calle Galiano besitzt es seine eigene Geschäftsstraße, und am Malecón zeigt es sich von seiner besten Seite: mit klassizistischen oder Art-déco-Fassaden und hohen Säulengängen.

SEHENSWERTES

Calle Obispo **[U E–F2]**
Bummelmeile mit Cafés, Restaurants und Läden. Sie durchquert die Altstadt vom Parque Central bis zur Plaza de Armas, war einst die erste asphaltierte, die Hauptgeschäftsstraße und als Sitz der Nationalbank (1907) die »Wallstreet« Havannas. Nicht versäumen sollten Sie einen Besuch in den originalgetreu wieder hergerichteten alten Apotheken *Johnson (Nr. 260)* und *Taquechel (Nr. 155)*. An der Ecke Calle Cuba öffnet sich der Blick in einen fürstlichen Palast von 1836, heute das Hotel *Florida (25 Zi., Tel. 07/862 41 27, Fax 862 41 17, €€€)*. Und im Hotel *Ambos Mundos (53 Zi., Tel. 07/860 95 30, Fax 860 95 32, €€)* an der Ecke Calle Mercaderes könen Sie das ehemalige Zimmer Hemingways besichtigen. Insider Tipp

Complejo El Morro **[U E–F1]**
Das 1589 begonnene Castillo de los Tres Reyes del Morro ist der ältere Teil des Festungskomplexes. Baumeister war der Italiener Batista Antonelli, von dem auch das Verteidigungssystem von Cartagena (Kolumbien) stammt. Die große Anlage daneben, die *Fortaleza de la Cabaña*, entstand nach dem Abzug der Engländer 1774. Hinter dem portalgeschmückten Eingang öffnet sich eine eindrucksvolle Anlage mit Waffenmuseum *(Museo de Armas y Fortificaciones)*, der Kommandantur Che Guevaras (*Museo Memorial Comandancia del Ché)*, einer

MARCO POLO Highlights »Havanna«

★ **Habana vieja**
Die Altstadt: neuer Glanz in alten Gassen (Seite 30)

★ **Nacional de Cuba**
Nostalgische Hotel-Reminiszenz an verruchte Zeiten (Seite 40)

★ **Cabaret Tropicana**
Die weltberühmte Tanzrevue ist ein Muss (Seite 41)

★ **Quinta Avenida**
Prachtstraße des Botschaftsviertels (Seite 39)

★ **Museo Hemingway**
Hier lebte und arbeitete der Literaturnobelpreisträger (Seite 42)

★ **Macumba**
Nachtclub in einem ehemaligen Landschloss (Seite 41)

Das Castillo del Morro schützte Havanna einst vor Freibeuterattacken

Cafeteria und Souvenirläden. Zwischen beiden Festungen befindet sich das Fischrestaurant *La Divina Pastora* mit seinem phantastischen Blick über die Hafeneinfahrt und die Altstadt *(tgl. 12–23 Uhr, Tel. 07/860 83 42, €€€). Zufahrt von der Altstadt durch den Tunnel; tgl. 8–22 Uhr, Festungen 10–18 Uhr, Eintritt 1 US $, Museumsbesuche 2 oder 3 US $, Foto- bzw. Videoerlaubnis zusätzlich 2 bzw. 5 US $).* Zur Zeremonie des *cañonazo* (Abfeuern von Kanonenschüssen, *tgl. 20.30 Uhr*), kostet das Betreten des Komplexes 5 US $.

Maqueta de Centro Histórico **[U F2]**

Detailgenaues Modell Alt-Havannas. *Mercaderes 114 (zw. Obispo/Obrapía), tgl. 9–18 Uhr, Eintritt 1 US $*

Parque Central/Prado **[U E2–3]**

Prachtplatz des Centro Habana, das mitsamt dem *Paseo de Martí (Prado)* den Wohlstand Havannas um die Wende zum 20. Jh. widerspiegelt. Beherrscht wird der Platz vom *Kapitol* (1929), dem ehemaligen Repräsentantenhaus, das stark dem Capitol in Washington nachempfunden ist; im ersten Stock ist ein Saal Kid Chocolate gewidmet, dem berühmtesten Boxer Kubas. Nördlich vom Kapitol fällt die überladene neoklassizistische Fassade des *Gran Teatro García Lorca* (1838) auf, in dem Kubas Nationalballett tanzt *(Tel. 07/862 94 73)*. Ein paar Schritte weiter lädt das älteste Hotel am Platz, das *Inglaterra (83 Zi., Tel. 07/860 85 93, -7, Fax 860 82 54, €€)*, Nostalgiker zum Verbleib in altehrwürdigen Salons und modernisierten Zimmern ein. Gegenüber ist das neoklassizistische *Edificio Manzana de Gomez* (1910) zu sehen. Dahinter, in der Calle Montserrate, erhebt sich der alte Hauptsitz der vorrevolutionären Rumdynastie der Bacardís, das *Edificio Bacardí* (1929), ein Meisterwerk des Art déco. Unweit davon finden Santería-Freunde das *Museo de los Orishas (Paseo del Prado 615, zw. Monte/Dragones, 9–17 Uhr, Eintritt 10, ab 2 Pers. je 6 US $).*

Plaza de Armas **[U F2]**
Beherrscht wird der lauschige Platz mit dem großen Ceibabaum vom 1776 erbauten *Palacio de los Capitanes,* dem früheren Regierungssitz der Generalkapitäne. Heute ist hier das *Stadtmuseum* mit kostbarem Mobiliar des 18./19. Jhs. untergebracht *(tgl. 9.30–18.30 Uhr, Eintritt 3 US $).* Gegenüber erhebt sich der ehemalige *Palast des Herzogs von Santovenia,* in den das kleine, feine Hotel Santa Isabel einzog *(27 Zi., Tel. 07/860 82 01, Fax 860 83 91, €€€).* Gen Norden *Calle O'Reilly)* wird er vom ältesten Kastell Havannas flankiert, dem *Castillo de la Real Fuerza* (1558–70). Auf der Spitze prangt das Wahrzeichen Havannas: *La Giradilla.* Die Bronzestatue stellt Inés de Bobadilla dar, wie sie vergeblich auf ihren Ehemann Hernando de Soto wartet, der 1542 in Florida im Kampf mit Indianern starb. Innen ist kubanische Keramik zu sehen *(tgl. 8–19 Uhr).*

Plaza de la Catedral **[U F2]**
Schönster historischer Platz. Beherrscht wird er von der barocken Muschelkalkfassade der *Kathedrale.* Der Kirchenbau wurde 1748 noch von den später vertriebenen Jesuiten begonnen und von der spanischen Kolonialregierung 1789 fertig gestellt. Die Fresken und den Hauptaltar schufen die italienischen Künstler Bianchini und Peruvani. Bis 1898 ruhten hier auch die Gebeine von Christoph Kolumbus (heute in Santo Domingo). Gegenüber der Kathedrale liegt der ehemalige *Palast des Grafen von Bayona* (1720), in dem das *Museo de Arte Colonial* eine Schau kostbaren Inventars aus der Kolonialzeit zeigt *(Mi–Mo 10.15–17.45 Uhr, Eintritt 2 US $);* an der Kasse kann man sich eine Übersicht über das monatliche Kulturprogramm in der Altstadt mitnehmen. Das mit schönen Arkaden verzierte Gebäude mit dem Treffpunktrestaurant *El Patio* in der Mitte war der Palast des Grafen von Aguas Claras (gutes kreolisches Essen, z. B. *pierna de cerdo al jugo,* Saftschweinekeule; *Tel. 07/867 10 34, tgl. 12–23 Uhr, €€*).

Plaza de San Francisco **[U F4]**
Der samt Löwenbrunnen komplett restaurierte Platz liegt mit dem ehemaligen Handelskontor *(Lonja de Comercio),* der ehemaligen Post, dem Kloster San Francisco (mit dem einzigen Sakralamuseum Havannas) und beliebten Lokalen gegenüber dem Kreuzfahrthafen. Einen Besuch wert ist vor allem das Gourmetlokal *Café del Oriente* mit seiner Bar im edlen Fin-de-Siècle-Stil *(Tel. 07/866 66 86, Restaurant tgl. 12–24 Uhr, Bar rund um die Uhr, €€€).*

Plaza Vieja/
Convento de Santa Clara **[U F3]**
Der einzige Platz Alt-Havannas, der nicht zusammen mit einer Kirche oder einem Regierungsgebäude ent-

Der geduckte Bau der Kathedrale dominiert die Plaza de la Catedral

stand, ist das jüngste Schmuckstück des Stadtrestaurators. Das stattlichste Haus, geschmückt mit einem schmiedeeisernen Balkon, ist die *Casa del Conde de Jaruco* (1768). Ins Auge fällt auch der blau gestrichene alte Wohnpalast, in den die kubanische Bildbank *Fototeca* einzog (wechselnde Fotoausstellungen, *tgl. 10–17 Uhr, Eintritt frei*). Nur wenige Ecken weiter, in der Calle Cuba zwischen Calle Sol und Calle Luz, breitet sich das 1638 gegründete *Convento de Santa Clara* aus, das älteste Nonnenkloster Havannas, in dem noch zwei Kreuzgänge erhalten sind – einer davon ist Teil eines Hotels.

Stadtmauer/ Museo José Martí **[U F4]**

Auf dem Weg zum alten Bahnhof (1912) ist noch ein Überrest der Stadtmauer zu sehen. Gegenüber vom Bahnhof steht das Geburtshaus von José Martí. In dem Museum ist das Leben des Freiheitshelden und Dichters dokumentiert *(C. Leonor Pérez 314, Di–So 9–17 Uhr, Eintritt 1 US $)*.

MUSEEN

Üblich ist in den Museen ein Eintrittspreis von 2–3 US $.

Casa de África **[U F2]**

Neben »Souvenirs«, die Fidel Castro von Afrikareisen mitbrachte, sind hier Kultgegenstände zu sehen, wie sie afrokubanische Priester während ihrer Zeremonien verwenden. *Calle Obrapia 157 (zw. Mercaderes/San Ignacio), Di–So 9–16 Uhr*

Museo del Automóvil **[U F2]**

Der älteste unter den 53 hier ausgestellten Oldtimern ist ein Cadillac von 1905. Am meisten bestaunt aber wird Che Guevaras Chevrolet Impala. *Oficias Nr. 12 (zw. Justín/ Obrapía), tgl. 9–18.30 Uhr, Eintritt 1 US $, Foto- bzw. Videoerlaubnis 2 bzw. 10 US $*

Insider Tipp

Museo Fundación Ron Habana Club **[U E2]**

Der Clou dieses breit angelegten Museums zum Thema Rum, in dem alle Stufen seiner Herstellung von der Pressung bis zur Gärung, Destillierung, Filtrierung und Reifephase anschaulich anhand von originalen Werkzeugen, Anlagen und Behältern gezeigt werden, ist das Insider Tipp Modell einer Zuckerfabrik von 1930, der *Central Azucarero La Esperanza*. Wenn die Transportzüge in Gang gesetzt werden, ertönen Geräusche und glimmt sogar ein imaginäres Feuer im Brennofen. Zum Komplex der Fundación gehören ein Laden und der Nachbau der legendären Bar *Sloopy Joe*, wo sich die Inselprominenz in den Vierzigerjahren traf. Sie stand früher in der Nähe des Capitols. *Ave. del Puerto, tgl. 9–17 Uhr, Führungen und Filmvorführung auf Deutsch, Eintritt 5 US $*

Museo Nacional de Bellas Artes [U E2]
Perlen der kubanischen Malerei aus den verschiedenen Jahrhunderten, prächtig untergebracht im *Centro Asturiano*, das 1928 nach dem Vorbild der Pariser Oper erbaut wurde. *Trocadero (zw. Zulueta/Monserrate), Mo–Sa 10–16, So 9–13 Uhr, www.museonacional.cult.cu, Eintritt 3 US $*

Museo Nacional de la Música [U E2]
Hier gibt es jede Menge alter Musikinstrumente zu bestaunen, darunter auch eine mechanische Orgel *(creación holguinera)*, außerdem Partituren und alte Orchesterfahnen. Freunde afrokubanischer Musik wird besonders die große Sammlung verschiedener Trommeln erfreuen. Konzerte finden zu besonderen Gelegenheiten statt. *Capdevilla 1 (zw. Habana/Aguiar), Mo–Sa 9–17, So 8–12 Uhr*

Museo de la Revolución [U E2]
Das umfassendste der vielen Revolutionsmuseen im Land, untergebracht im ehemaligen Präsidentenpalast von 1920. Hier sind auch die berühmten, im Guerillakampf dargestellten lebensgroßen Figuren von Che Guevara und Camilo Cienfuegos zu bewundern. Prunkstück ist der 11 x 30 m große Spiegelsaal. Vor dem Museum erinnert die *Garita de la Maestranza* an den alten Mauerverlauf. Im Rücken findet sich das *Memorial Granma* (Zugang übers Museum), ein riesiger Schaukasten mit der gleichnamigen Yacht, mit der die Rebellen 1956 auf Kuba landeten. *Calle Refugio 1 (zw. Montserrate/Zulueta), Di 10 bis 18, Mi–So 10–17 Uhr*

ESSEN & TRINKEN

Castillo de Farnés [U E2]
Den Tisch, an dem Fidel Castro und sein Bruder Raúl mit Che Guevara am 9. Januar 1959 saßen und aßen, zeigt der Ober gern. Ein Foto erinnert an das Ereignis. Die dazugehörige offene Eckkneipe haben sich Insider Tipp die Residenten Havannas zu ihrem Lieblingstreff erkoren. Das Essen in beiden Lokalen ist gut und günstig. *Obispo/Monserrate, Tel. 07/857 10 30, tgl. 12–24 Uhr, €€*

La Guarida [U C2] Insider Tipp
Seit sich herumgesprochen hat, dass hier Teile des Film »Fresa y chocolate« (»Erdbeer und Schokolade«) gedreht wurden, ist dieser Paladar fast immer ausgebucht. Also unbedingt rechtzeitig Plätze reservieren! *Calle Concordia Nr. 418 (zw. Gervasio/Escobar), Tel. 07/863 73 51, Mo–Fr 12–16 und 19 bis 24, Sa/So 19–24 Uhr, €€*

Zigarrenfabrik Partagás

Hanoi [U E3]
Vietnamesisch ist hier vor allem der leckere Reis (mit Huhn, Krabben und Chorizo). Sonst gibt es beste kubanische Küche zu zivilen Preisen, auch *potaje* oder *ropa vieja*. *Calle Teniente Rey/Bernaza, Tel. 07/867 10 29, tgl. 12–23 Uhr,* €

Islas de Canarias [U E2]
Gute Küche wie für Freunde: Das Lokal der »Asociación Canaria de Cuba« bietet kulinarische Vielfalt zu zivilen Preisen. *Rua Agramonte (bzw. Zulueta) 258, 1. Stock, kein Tel. tgl. bis 20.30 Uhr,* €

El Torreón [U C2]
Openair-Schnellimbiss: rund um die Uhr frisch zubereitete Pizza, *perros calientes* (Hot dogs) und andere kleine Gerichte. *Malecón/San Lázaro, kein Tel., tgl. 24 Std.,* €

La Zaragozana [U E3]
Das älteste Restaurant Havannas (gegründet 1830) serviert auch ein gutes Filet Mignon, am besten aber ist die Paella Zaragozana. *Montserrate (zw. Obispo/Obrapia), Tel. 07/867 10 40, tgl. 12–24 Uhr,* €€

EINKAUFEN

Buchmarkt Plaza de Armas [U F2]
Unter den vielen alten Büchern, die hier angeboten werden, findet sich so manche Kostbarkeit. *Plaza de Armas, tgl. 10–18/19 Uhr*

Galería Carmen Montilla Tinoco [U F3]
Auch wenn diese Galerie offiziell ein Haus der venezolanischen Kunst ist: Hier stellen überwiegend kubanische Maler aus (Bilder ab 40 US $). *Oficios 162 (zw. Amargura/Teniente Rey), tgl. 9–17 Uhr*

Kunstmarkt [U F2]
Hier gibt's Kunst direkt vom Künstler. Bei großen Bildern nicht vergessen: Das Bild muss einen Stempel für die Ausfuhr tragen, und Sie brauchen eine offizielle Besitzurkunde! *Avenida del Puerto (beim Parque Infantil), Mi–So 10–19 Uhr*

Insider Tipp

Mercado Agropecuario [U D5]
Hier verkaufen Privatleute für kubanische Pesos landwirtschaftliche Erzeugnisse: Fleisch, Gemüse, Obst und lebendes Vieh. *Cuatro Caminos (Calle Matadero/Monte), tgl. 7 bis 17 Uhr*

Palacio de la Artesanía [U F2]
Im »Palast des Kunsthandwerks« gibt es neben altspanischen Galeonen im Kleinformat (ab 39 US $), Strohhüten, *claves* (Klanghölzern), Puppen und Korbwaren auch CDs und Kassetten mit kubanischer Musik. *Cuba 64, Tel. 07/862 44 07, tgl. 9–20 Uhr*

Zigarrenfabrik Partagás [U E3]
Zu der traditionsreichsten Zigarrenfabrik (seit 1845), die besichtigt

werden kann, gehört ein kleines Kaufparadies für Zigarrenfreunde. *Calle Industría 520 (hinter dem Capitol), Tel. 07/33 80 60, Fabrikbesichtigung Mo–Fr 9.30–11 und 12.30–15 Uhr, Preis 10 US $, Kinder frei*

ÜBERNACHTEN

Casa colonial Cary y Nilo [U C2]
Ruhige *casa particular* (Privathaus) mit zwei Zimmern und einem blitzsauberen, weiß gekachelten Bad, das eine wunderschöne Art-déco-Wanne ziert. *Gervasio 216 (zw. Concordia/Virtudes, um die Ecke liegt der Paladar La Guarida), Tel. 07/862 71 09, orixl@yahoo.es, €*

Los Frailes [U F3]
Das Personal schreitet in Mönchskutten daher, und im Hintergrund erklingen Chorgesänge: In diesem Hostal, das in einem Palacio aus dem 18. Jh. eröffnet wurde, wird man der Welt entrückt. *22 Zi., Calle Teniente Rey (zw. Oficios/Mercaderes), Tel. 07/862 95 10, Fax 862 97 18, €€–€€€*

Park View [U E2]
Jüngst saniertes Hotel in einem Haus von 1928 in guter Lage zum Prado. *55 Zi., Calle Colón/Morro, Tel. 07/861 32 93, Fax 863 60 36, €–€€*

Parque Central [U E3]
Viel Luxus hinter der Restfassade eines Palasts aus dem 17. Jh., schön zentral gelegen und mit allem Komfort ausgestattet. *279 Zi., Calle Neptuno (zw. Paseo del Prado/Zulueta), Tel. 07/860 66 27 (-29), Fax 860 66 30, www.cubanacan.cu, €€€*

Sevilla [U E2]
Architektonisches Schmuckstück aus der Jahrhundertwende, vom eleganten ✶ Dachgarten schöner Blick über die Altstadt, drinnen Bars und Restaurants sowie Sauna-, Massage- und Fitnessraum. *181 Zi., Trocadero 55 (zw. Paseo de Martí/Zulueta), Tel. 07/860 85 60, Fax 860 85 82, reserva@sevilla.gca.tur.cu, €€€*

Hostal del Tejadillo [U F2]
Nur 100 m von der Plaza de la Catedral gelegenes, aber angenehm ruhiges, jüngst saniertes Kolonialhotel mit zwei Innenhöfen und Bar. *32 Zi, Calle Tejadillo 12/San Ignacio, Tel. 07/863 72 83, Fax 863 88 30, €€*

Hostal Valencia [U F3]
Sympathische kleine Herberge mit gemütlichem Innenhof und nur 12 Zimmern (mit Ventilator und Bad). *Calle Oficios 53/Obrapía, Tel. 07/867 10 37, Fax 861 64 23, €*

AM ABEND

La Bodeguita del Medio [U F2]
Es sind vornehmlich Touristen, die sich in dieser gemütlichen, kleinen Bar drängeln, um die berühmte Spezialität des Hauses, den Rum-Minze-Limetten-Cocktail *Mojito*, zu kosten. *Empedrado 207, Tel. 07/867 13 74, tgl. 12–0.45 Uhr*

Café Paris [U F2]
Schönes altes, holzvertäfeltes Ecklokal in der Nähe der Plaza de Armas, in dem sich abends Touristen genauso wie Kubaner zu stimmungsvoller Livemusik drängen. *Obispo 202/San Ignacio, Tel. 07/862 04 66, tgl. 24 Std., €*

Im El Floridita, dem Stammlokal Hemingways, setzt man auf Stil

El Floridita [U E3]
Wiege des *Daiquirí*-Cocktails und Stammlokal von »Papa Hemingway«, das ihn nahe bei seinem Lieblingsplatz mit einer kleinen Plastik verewigt hat. Im Restaurant speist man sehr gut Languste und Frischfisch. *Obispo/Monserrate, Tel. 07/867 13 00, tgl. 12–24 Uhr,* €€–€€€

Insider Tipp **Taberna de la Muralla** [U F3]
Zünftige Brauhausgaststätte mit massiven Holztischen draußen oder drinnen in einer hohen Halle; das Know-how kommt von der österreichischen Salm-Brauerei. Abends gibt's eine Ajiaco-Suppe gratis, ansonsten helfen Grillspezialitäten oder kleine gesalzene Beilagen dem Durst nach. *Calle San Ignacio/Calle Muralla, Plaza Vieja, Tel. 07/866 44 53, tgl. 11–23.45 Uhr*

AUSKUNFT

Infotur [U E2]
Staatliches touristisches Auskunftsbüro. *Obispo (zw. Bernaza/Villegas), Tel. 07/33 33 33*

MIRAMAR/VEDADO

[U A1–3] Wo sich das Hotel Nacional auf einem Felsvorsprung erhebt, beginnt mit La Rampa die Hauptschlagader von Vedado. Das Viertel wurde Mitte des 19. Jhs. nach modernen stadtplanerischen Gesichtspunkten auf einem Gelände erbaut, das als militärische Zone dem Schutz der Stadt diente. Es entstanden Villenviertel für die Reichen, mit breiten Boulevards wie der Avenida de los Presidentes, wie Línea, Calzado und Paseo. Letzterer führt am Castillo del Príncipe (kann nicht besichtigt werden) vorbei zur Plaza de la Revolución. In der Nähe, an der Calle L auf einem Hügel, liegt die Universität Havannas, kurz nur La Colina genannt.

In der Zeit der Prohibition in den USA, als sich das Zentrum von Vedado in eine Meile der Bars verwandelte, zog es die Reichen weiter westlich, nach *Miramar*. Dieses Viertel beginnt, wo der Malecón endet. Hauptschlagader ist hier die wohl prächtigste Straße der Karibik, die ★ *Quinta Avenida.* Sie führt in die Welt der repräsentativen Botschafts- und Firmensitze und der herrschaftlichen Häuser alteingesessener Familien bis zu neuen Luxushotels, zum Centro de Convenciónes und zur Marina Hemingway, dem größten Yachthafen Kubas.

SEHENSWERTES

Cementerio Colón

Man spaziert (oder fährt) über den Friedhof wie durch ein vornehmes Viertel der Totenpaläste. Unter den insgesamt 800 000 Gräbern befindet sich auch das des Schriftstellers Alejo Carpentier (Allee A). Der älteste Friedhofsteil, genutzt bis 1875, ist die Galería de Tobías. *Calzada Zapata/Calle 12, tgl. 8–17.30 Uhr, Eintritt 1 US $*

Maqueta de la Habana Colosal Miniatura

Ganz Havanna auf 35 rollbaren Tischen im Maßstab 1:1000. Architekt Mario Coyula verwendete für dieses 22 x 8 m messende Stadtmodell vor allem Zedernholz. *Calle 28 Nr. 113 (zw. 1/3), Mo–Sa 9.30–18 Uhr, Eintritt 3 US $*

MUSEEN

Museo de Artes Decorativas

Chinesische Bodenvasen, kostbare Gobelins, zierliche Rokoko- und Empiremöbel in der ehemaligen Residenz der Gräfin Revilla de Camargo. *Calle 17/Calle E, Di–Sa 11 bis 18.30 Uhr*

Museo de la Danza

Hommage an Alicia Alonso, die Leiterin des kubanischen Nationalballetts und Freundin von Fidel Castro. Zu sehen sind Gemälde, Bühnenkleider, Tanzschuhe und Fotos berühmter Tänzerinnen und Tänzer, darunter des Deutschen Harald Kreutzberg (1902–68). *Línea 365/G, Di–Sa 11–18.30 Uhr, Eintritt 2 US $*

ESSEN & TRINKEN

El Aljibe

Großes Terrassenlokal neben dem *Dos Gardenias.* Spezialität ist *pollo* (Huhn), gebraten oder frittiert. *Miramar, 7a Ave. (zw. Calle 24/Calle 26), Tel. 07/204 15 83, tgl. 12–24 Uhr,* €

1830/Chorrea

Speisen direkt am Meer: Das nostalgische Restaurant *1830* (€€€) bildet zusammen mit der Taverne (€) und dem Restaurant (€€) im benachbarten Fort de La Chorrea (1645) einen touristischen Komplex. *Calzada 1252, beim Miramar-Tunnel, Tel. 07/55 30 90, tgl. 12 bis 24 Uhr*

Casona de 17

In der Villa kann man festlich tafeln (z. B. Huhn in saurem Orangensaft mit Knoblauch und Speck) oder nebenan den Hunger mit Schnellgerichten stillen. Beide Lokale gehören zusammen. *Vedado, Calle 17 Nr. 60 (zw. Calle M/Calle N), Tel. 07/33 45 29, tgl. 12–2 Uhr,* €€

Don Cangrejo

Der Betreiber, das Ministerium für Fischerei, bürgt hier für die »besten und frischesten Langusten«. Das Restaurant liegt direkt am Meer mit großer Terrasse. *Ave. 1ra 9205 (zw. 16/18), Tel. 07/204 41 69, tgl. 12 bis 24 Uhr,* €€

Heladería Coppelia [U A2]
Der berühmte Eispalast von 1966 ist nach wie vor ein beliebter Treffpunkt für Naschmäuler an der Kreuzung La Rampa/Calle L. *Vedado, Di–So 10–22 Uhr*

Paladar Esperanza
Eng und plüschig, aber sehr gemütlich und gut. Gekocht wird nach alten Familienrezepten. Reservierung empfohlen. *Miramar, Calle 16 Nr. 105 (zw. 1ra/2ra), Tel. 07/ 202 43 61, Fr–Mi 7–22.30 Uhr,* €€

El Tocororo
In den exklusiven Salons dieses Meeresfrüchte-Restaurants speisten schon García Márquez und Paco Rabanne. Ein Salon ist exklusiv für Liebhaber von Sushi und anderen japanischen Speisen reserviert. *Miramar, Calle 18/Ave. 3ra, Tel. 07/ 204 22 09, Mo–Sa 12–24 Uhr,* €€

Insider Tipp

ÜBERNACHTEN

Comodoro
Die Villenanlage in Miramar ist immer gut gebucht. Um die Ecke die Disko *Habana Club (tgl. 22–5 Uhr). 125 Zi., 319 Bungalows, Pool, Restaurants, Bars. Ave. 3a/Calle 84, Tel. 07/204 55 51, Fax 204 20 89, www.cubanacan.cu,* €€–€€€

Habana Riviera [U A1]
Herrlicher Meerblick über den Malecón hinweg. Zum Hotel gehört die Salsabar *Copa Room. 352 Zi., Vedado, Malecón/Paseo, Tel. 07/ 33 40 51, Fax 33 37 39, reserva@gcrivie.gca.cma.net,* €€

LTI Panorama
Zum Traumblick aufs Meer oder auf Havanna – vor allem aus den oberen Etagen – gibt's hier allen Komfort. *317 Zi., Calle 3ra/70, Tel. 07/ 204 01 00, Fax 204 43 69, www.lti.de,* €€–€€€

Melía/Tryp Hotels
Das *Melía Cohiba* ist mit seinem schicken *Habana Café* (Livemusik) Anziehungspunkt Nummer eins in Vedado *(462 Zi., Paseo, zw. Calle 1a/Calle 3a, Tel. 07/33 36 36, Fax 33 45 55,* €€€*)*. Das Flaggschiff der spanischen Hotelkette, das *Melía Habana*, liegt in Miramar *(409 Zi., 3ra, zw. 76/80, Tel. 07/ 204 85 00, Fax 204 85 05,* €€€*)*. Auch die alte Schaltzentrale Havannas, das *Habana Libre*, gehört als Tryp-Hotel zur Melía-Gruppe *(572 Zi., Vedado, Calle L/Calle 23, Tel. 07/33 40 11, Fax 33 31 41,* €€*)*; für alle: *www.solmeliacuba.com*

Nacional de Cuba [U B2]
★ Schmiedeeiserne Aufzuggitter und luxuriöse Speisesäle und Salons wie aus einem alten Film. Das 1930 mit Mafiosi-Geldern erbaute Etablissement beherbergte einst berühmte Filmstars wie Errol Flynn, Marlon Brando und Ava Gardner. Im *Cabaret Parisien* wird eine Top-Revue gezeigt. *Vedado, 424 Zi., Calle O 21, Tel. 07/33 35 64, Fax 33 50 54, www.hotelnacionaldecuba.cu,* €€€

FREIZEIT & SPORT

Marina Hemingway
Größter Yachthafen Kubas, ausgerüstet mit allem, was der Segler braucht: Restaurants, Läden, Hotels. Auch Tauch- und Schnorchelausflüge. *5ta Ave./248, Tel. 07/204 11 50 (-57), Fax 24 11 49, www.cubanacan.cu*

Musik, Tanz und Erotik bietet die berühmte Show im Tropicana

AM ABEND

Cabaret Tropicana
★ Weltberühmte Tanzrevue in Glitzerkostümen, die über die Jahrzehnte nichts von ihrer Attraktivität eingebüßt hat. Immer noch treten hier die besten Revuegirls Kubas auf. *Miramar, Línea de Ferrocarril/ Calle 72, Tel. 07/267 17 17, Mi–Mo 22–1 Uhr, Eintritt 65–90 US $ (inkl. Getränke und Imbiss)*

Café Cantante [U A4]
Die besten Salsa-Livebands heizen hier regelmäßig die Stimmung an. Das Lokal liegt um die Ecke des Teatro Nacional im Keller. *Calle Paseo/Calle 39, Plaza de la Revolución, Tel. 07/33 57 13, tgl. 16.30 bis 4 Uhr, Eintritt 10 US $*

Casa de la Música Insider Tipp
Konzerte im Haus der Egrem-Musikstudios; ein Muss für Freunde kubanischer Musik ist der Laden. *Calle 20 Nr. 3308/Calle 35, Tel. 07/204 04 47, 22.30–5 Uhr*

Macumba/Complejo Turístico La Giradilla
★ Zum Riesenerfolg der Openairdisko trägt auch die einzigartige Lage neben dem Pool eines vornehmen Landsitzes bei, der vor der Revolution einem der Miterbauer des Capitols gehörte. Zum Komplex gehört ein Gourmetbistro. *Calle 2 (zw. Calle 37/Autopista), Reparto La Coronela, Tel. 07/33 63 90, Eintritt Mo, Di, Mi, So 10 US $, Fr/Sa 15 US $, Do (Día de la Salsa) 20–25 US $*

AUSKUNFT

Infotur
Hauptsitz der kubanischen Touristinformation. *5a Avenida/112, Tel. 07/24 70 36*

HAVANNAS OSTEN UND SÜDEN

Sie gehören größtenteils noch zum Stadtgebiet und sind das Lieblings-Wochenendziel von Havannas Bewohnern: die zusammen ca. 60 km langen Strände östlich von Havanna, kurz *Playas del Este* genannt. Der erste, die schmale *Playa Bacuranao*, ist vom Malecón durch den Tunnel und über die Vía Blanca schon in weniger als 20 Minuten erreicht. Der breiteste, die *Playa Santa María*, hat sich zu einem kleinen Touristenzentrum entwickelt. Schon auf halbem Weg nach Matanzas – noch vor der höchsten Brücke des Landes, der mit 110 m hohen Puente Bacanayagua über das tiefe *Valle Yumurí* – liegt die *Playa Jibacoa* mit einem All-Inclusive-Hotel.

Im Süden breitet sich der »grüne Gürtel« Havannas aus. Hier liegen die Terminals des internationalen Flughafens, das Erholungsgebiet des weitläufigen *Parque Lenín* und der Golfclub. Anziehungspunkt im südöstlichen Vorort San Francisco de Paula ist das Hemingway-Museum.

MUSEEN

Museo Hemingway

★ Das Haus liegt am Rand Havannas, ca. 20 Autominuten südlich der Altstadt. Möbel, Jagdtrophäen, zahllose Bücher, Fotos, Dokumente und private Erinnerungsstücke – alles blieb fast so, wie es Ernest Hemingway einst zurückgelassen hat. Die Finca La Vigía hatte der Schriftsteller 1940 erworben. *Finca La Vigía, San Francisco de Paula, Di 10 bis 18, Mi–So 10–17 Uhr*

Museo Municipal de Regla

Der kleine Vorort Regla ist zusammen mit Guanabacoa (auf der anderen Straßenseite) das Zentrum des afrokubanischen Religionskultes Santoría. Darüber informiert auch das *Museum. Calle Martí 158 (zw. Facciolo/La Piedra), Tel. 07/97 69 89, Di und Do–Sa 9–17.30, So 9–13 Uhr, Eintritt 2 US $*

ESSEN & TRINKEN

La Terraza

Eine große Bar, festlich gedeckte Tische mit Blick aufs Wasser, an den Wänden Fotos von Ernest Hemingway: Seit er hier immer wieder aß und trank und ihm vielleicht sogar wirklich die Idee zu seinem später preisgekrönten Roman »Der alte Mann und das Meer« kam, ist das kleine Lokal eine Touristenattraktion in Cojímar. Mit dem Lokal zehrt der ganze Ort von seinem berühmten Stammgast, der hier zahllose Angelausflüge mit seinem Boot »El Pilar« unternahm. Der Fischerort hat ihm am Kai ein kleines Denkmal errichtet. Spezialität des Restaurants sind Meeresfrüchte. *La Terraza de Cojímar, Calle Real 161 (zw. Montaña/Candelarra), Tel. 07/55 94 86, tgl. 10.30–22.30 Uhr,* €€

ÜBERNACHTEN

Atlántico Aparthotel Insider Tipp

Die günstigen Apartments eignen sich für ein paar unabhängige Urlaubstage am schönsten Strand der Playas del Este. 62 Apartments mit Satelliten-TV, Restaurant, Pool. *Santa María del Mar, Ave. de Las Terrazas (zw. 11/12), 07/97 10 85, Fax 96 15 32, ab* €

Superclub Breezes Jibacoa

All-Inclusive-Club für Singles und Paare. *250 Zi., Santa Cruz del Norte, Playa Arroyo Bermejo, Tel. 0692/851 22, Fax 851 50, www.superclubscuba.net,* €€€

Villa Armonía Tarará

Wer tauchen oder fischen gehen will, kann sich hier auch gleich einquartieren: Zum Yachthafen gehört ein kleines Dorf mit 62 Ferienwohnungen unterschiedlicher Größe (2–5 Zi.) in Bungalows und Villen. *Vía Blanca, km 18, Tel. 07/97 16 16, Fax 97 16 19,* €–€€

FREIZEIT & SPORT

Habana Golf Club
Nach Vermittlung durch ein First-Class-Hotel ist ein Spiel auf dem 9-Loch-Golfplatz schnell in die Wege geleitet. *Ctra. de Vento, km 8, Reparto Capdevila, Ave. Rancho Boyeros, Tel. 07/45 45 78, 44 48 36*

Parque Lenín
Der Landschaftspark erstreckt sich über 745 ha. Locker verteilt finden sich ein *Centro Ecuestro* (Reiterhof), ein *Complejo Rodeo*, der *Zoo (Di–So 9.15–17 Uhr, Eintritt 3 US $)*, der *Botanische Garten (tgl. 8.30–16.45 Uhr, Eintritt 1 US $)* mit einem attraktiven japanischen Garten und diverse Restaurants. Das beste ist *Las Ruinas* (internationale Küche, *Tel. 07/57 82 86, tgl. 12–24 Uhr,* €€). *Der Park ist über die Ave. Independencia in 30 Min. erreicht (Abfahrt ausgeschildert). Calle 100/ Cortina de la Presa, Arroyo Naranjo*

FLUGZIEL VON HAVANNA

Isla de la Juventud [114 A–C 3–5]
Schiffswracks vor der Küste, Piratenlegenden und ein tatsächlich gefundener Geldschatz nähren die Sage, bei dem einst Isla de Pinos (»Fichteninsel«) genannten Eiland handle es sich um die von R. L. Stevenson literarisch verewigte »Schatzinsel«. Für Castro war es die Gefängnisinsel. Im *Presidio Modelo*, einem Massengefängnis nach US-Vorbild, heute Museum *(auf dem Weg von Nueva Gerona zur Playa Bibijagua, Mo–Sa 8–16, So 8–12 Uhr, Eintritt 2 US $)*, verbüßte er seine Haft nach dem gescheiterten Sturm auf die Moncada-Kaserne in Santiago. Später benannte er die 2231 km^2 große Insel (86 000 Ew.) in Isla de la Juventud (»Jugendinsel«) um und verwandelte sie in ein Zentrum des Jugendaustauschs mit den befreundeten sozialistischen Staaten. Seit dem Zusammenbruch des Ostblocks liegen viele Camps brach. Die Lücke sollen nun Touristen füllen.

Nueva Gerona (33 000 Ew.) bietet einen Fährhafen, urige Restaurants (für Freunde des Schweinebratens: *El Cochinito, Calle 39, zw. 24/26, Tel. 046/32 28 09, tgl. 12 bis 22 Uhr,* €*)* sowie die neuen Hotels *Rancho El Tesoro (35 Zi., Ctra. La Fe, km 2,5, Tel. 046/32 30 35,* €*)* und *Villa Isla de la Juventud (Ctra. La Fe, km 1,5, 20 Zi., Pool, Tel. 046/32 32 90, Fax 32 44 86,* €*)*. Dazu gibt es zwei sehenswerte Museen: Das *Museo Finca El Abra* am Stadtrand *(Ctra. de Siguanea, km 2,5, Di–So 9–17 Uhr)*, wo sich José Martí Ende 1870 durch Vermittlung der einflussreichen Fincaeigner von den Strapazen seiner Haft in Havanna erholte, und das *Museo Municipal (Parque Central, Di–Do 9–12, 13–17, Sa 13–21, So 9–13 Uhr, beide Eintritt 1 US $)*. Wer baden will, findet im Osten die schwarzsandige Playa Bibijagua.

Der schönste Strand aber liegt 60 km von der Stadt entfernt an der Südküste in einem Naturschutzgebiet, das nur mit Führer oder Genehmigung besucht werden kann. Dort gibt es auch Höhlen mit präkolumbischen Felszeichnungen: die *Cueva de Punta del Este* und *Cueva Finlay*. Ausflüge bietet das einzige Hotels des Südens an, das sonst vor allem Taucher anzieht: *Hotel Colony (83 Zi., Tel. 046/39 81 81, Fax 39 84 20, reservas@colony.gerona.inf.cu,* €€). Die 56 Tauchspots verteilen sich um die *Punta Francés*.

Die Wiege des Tourismus

Freuen Sie sich auf grüne Wälder, mächtige Kalkberge, weite Tabakfelder, urwaldähnliche Sümpfe und den berühmten Strand von Varadero

Mit Ausnahme von Varadero sind es nicht die Küsten mit ihren Stränden, sondern vielmehr Gebirge und andere Gebiete, die sich als attraktive Ausflugs- oder Urlaubsziele im Westen Kubas anbieten. Der Metropole am nächsten liegt die bis zu 800 m hohe Sierra del Rosario mit Soroa und Las Terrazas. Durchzogen von Bächen, Flüssen und Seen, ist sie Heimat so vieler nur auf Kuba vorkommender und selten gewordener Arten, dass die Unesco sie zum Biosphärenreservat erklärt hat.

Wo die Sierra del Rosario dann in die Sierra de los Órganos übergeht, in San Diego de los Baños, machten Amerikaner schon im 19. Jh. (Kur-)Urlaub – lange, bevor sie in den 1920er-Jahren dann Varadero als Lieblingsziel auserkoren. Die Gebirge sind Auftakt der Tabakprovinz Pinar del Río mit ihrer gleichnamigen Hauptstadt. Die besten Böden und die berühmtesten *vegas* (Tabakanbaugebiete) der Zigarrenwelt gesellen sich hier zur größten landschaftlichen Attraktion Kubas, den *Mogotes* genannten Kalkbergen im Valle de Viñales, und einem weiteren Unesco-Biosphärenreservat, dem Guanahacabibes-Nationalpark.

Der Tabakanbau erfordert viel Handarbeit und großes Fachwissen

Kaum weniger spannende Ziele bieten sich östlich von Havanna. Die Vía Blanca bringt Sie auf dem kürzesten Weg (132 km) zum berühmtesten Badeort Kubas: nach Varadero. Und über die Autopista Central erreicht man das größte Sumpfgebiet der Karibik, die Ciénaga de Zapata. Hier fanden die selten gewordenen Seekühe und auch Krokodile ein Schutzgebiet.

PINAR DEL RÍO

[111 E3] Pinar del Río ist eine kleine, geschäftige Provinzhauptstadt, der man ihre rund 100 000 Einwohner kaum anmerkt. Hübsch mit Säulengängen zur Calle Martí hin geschmückte Häuser zeugen vom früheren Reichtum selbstständiger kleiner Tabakpflanzer aus der Umgebung, in der sich das Anbaugebiet des weltbesten Tabaks erstreckt. Bis heute leben hier Pflanzer, die auf eigene Rechnung arbeiten, ein selbstbewusster, kerniger Menschenschlag.

Palmenstrand in María La Gorda

SEHENSWERTES

Fábrica de Guayabites
Nach alten Rezepten wird hier aus der Guayaba-Frucht ein köstlicher Likör fabriziert und verkauft. *Calle Isabel Rubio 189, Tel. 082/75 29 66, tgl. 9–16 Uhr*

Fábrica de Tabacos Francisco Donatién
Hier können Sie den *tabaqueros* bei der Arbeit zuschauen und ihre Produkte kaufen. *Calle Maceo 157, Tel. 082/75 34 24, Mo–Fr 7.30–12 und 13–16.30, Sa 7.30–12 Uhr*

MUSEUM

Palacio Guash/ Museo de Ciencias Naturales
Mit dem kuriosen Stilmix am Palacio Guash (1909) verewigte sich als Bauherr der Arzt Francisco Guash Ferrer. Das hier untergebrachte Naturkundemuseum zeigt u. a. in Spiritus eingelegte Missbildungen der Natur und (im Patio) eine Tyrannosaurus-Rex-Skulptur in Originalgröße. *Calle Martí 202, Di–Sa 14–18, So 9–13 Uhr, Eintritt 2 US $*

ESSEN & TRINKEN

Café Pinar
Hier speist man nicht nur, sondern trifft sich auch zu Vergnügungsveranstaltungen. *Vélez Caviedes 34, Tel. 082/75 81 99, 24 Std. geöffnet, €*

La Casona
Hinter der pinkfarbenen Säulenfassade wird einfache kreolische Küche serviert. *Martí s/n /Colón, Tel. 082/75 82 63, tgl. 11–23 Uhr, €*

Restaurant Cabaret Rumayor
Geräuchertes Brathähnchen als Spezialität. Rustikales Ambiente, ab 23 Uhr mit Showprogramm *(Di bis So). Ctra. Viñales, km. 1, Tel. 082/ 76 30 50, 76 30 51, tgl. ab 12 Uhr, €*

ÜBERNACHTEN

El Globo
Erbaut 1917 – die richtige Adresse für Nostalgiker ohne große Kom-

fortansprüche. *42 Zi., Calle Martí 50, Tel. 082/742 68, €*

Insider Tipp **Martí 51**
Laura González Valdés vermietet nicht nur zwei gemütliche Zimmer mit Bad, sie hortet auch den Familienschatz in ihrer großen Wohnung: 50 000 sorgfältig archivierte Bücher, darunter wahre Raritäten. *Calle Martí 51, Tel. 082/75 22 64, €*

Pinar del Río
Einfaches Touristenhotel mit Mietwagenverleih; Haltestelle des Viazul-Busses. *136 Zi., Martí/Final, Tel. 082/75 50 70, Fax 75 34 60, €*

ZIELE IN DER UMGEBUNG

María La Gorda **[110 B5]**
Die 135 km lange Strecke von Pinar del Río in den Süden nach María La Gorda (Fahrzeit ca. 3 Std., z. T. schlechte Straße) lohnt mehrfach: Zunächst liegt gleich zu Beginn (im Dreieck zwischen Pinar del Río, San Juan y Martínez und San Luis) das beste Tabakanbaugebiet der Welt, das *Vuelto abajo*. In den Cuchillas de Barbacoa von San Juan y Martínez finden sich so berühmte *vegas* (Tabakpflanzungen) wie Las Vegas de Robaina, Familienbetrieb seit 1845. In Sandino dann können Hungrige im *Paladar Alexis* (Insider Tipp) einkehren oder sich im Haus einquartieren *(Casa 33, Tel. 08/732 82, €)*. Mit den Ratschlägen der Wirte versorgt, lassen sich die nahen Attraktionen von dort gut erkunden: z. B. der weiße Naturstrand Punta de Cortés an der Ostküste, die Playa Punta Colorada an der Westküste, der Fischerhafen La Fe oder die dahinter beginnende Halbinsel Guanahacabibes mit dem Biosphärenreservat gleichen Namens, das sich um die Bahía de Corrientes (»Bucht der Strömungen«) wölbt. Hier liegt auch María la Gorda mit dem Tauchhotel *Cabañas La Gorda (34 Zi., Restaurant, Tauchbasis, Tel. 08/781 31, Fax 780 77, €)*.

San Diego de los Baños **[111 F2–3]**
Die ganze Region durchziehen mineralreiche Quellen, die berühmteste aber sprudelt in diesem Kurort. Sie gilt als Wiege des Tourismus auf der Insel, denn schon im 19. Jh.

MARCO POLO Highlights »Der Westen«

★ **Mogotes**
Einzigartige Landschaft mit uralten Kalkstöcken im Valle de Viñales (Seite 48)

★ **Mansión Xanadú**
So kann man wohnen, wenn Geld keine Rolle spielt (Seite 52)

★ **Ciénaga de Zapata**
Das größte Sumpfgebiet der Karibik ist ein Paradies für Tiere (Seite 55)

★ **Cayo Largo**
Wer reif für die Insel ist, findet hier gleich mehrere (Seite 54)

lockte sie US-Amerikaner nach Kuba. Im *Hotel Mirador* und seinem *Club Balneario* wird die Heilkraft des Wassers heute gegen rheumatische Leiden und Stresserscheinungen genutzt *(30 Zi., Calle 23 Final, Los Palacios, Tel./Fax 08/783 38, €€)*. In der Nähe von San Diego im Nationalpark La Güira liegt Che Guevaras ehemalige Kommandantur während der Kubakrise: die *Cueva de los Portales (Eintritt 2 US $)*.

Soroa **[112 A3]**
Die Attraktion von Soroa, auf halber Strecke zwischen Pinar und Havanna gelegen, ist der herrliche Orchideengarten *(tgl. 8–17 Uhr, Eintritt 3 US $)*. Über 700 Arten wachsen in dem tropischen Paradies, das einst von dem Spanier Tomás Felipe Camacho für seine Tochter angelegt wurde. Blütezeit ist November bis April. Die Führung dauert 20 Minuten. Vom *Mirador de Venus* bietet sich ein herrlicher Ausblick. Vor der Anlage führt ein Weg zu einem 22 m hohen Wasserfall (El-Salto, *tgl. 8–17 Uhr, Eintritt 3 US $*). Im *Castillo de las Nubes* (»Wolkenschloss«) können Sie kreolische Küche genießen (€). Hotel: *Horizontes Villa Soroa, 63 Zi., Ctra. Soroa, km 8, Tel. 08/721 22, Fax 782 18, www.horizontes.cu, €*

Las Terrazas **[112 A3]**
Mit seinem malerisch von Berghängen gerahmten See bietet der Ökotourismuskomplex nahe Soroa (4 km) im Biosphärenreservat der Sierra del Rosario schon bei der Einfahrt über die Brücke ein idyllisches Bild. Höhepunkt ist das originell der Landschaft angepasste *Hotel Moka (26 Zi., Autopista 4, km 51, Candelaria–Pinar del Río, Tel. 08/786 00, -03, Fax 781 26, €€)*. Das Hotel gibt es pauschal bei *avenTOURa (www.cuba-reise.de)*.

VALLE DE VIÑALES

[111 D–E3] Die Landschaft des 21 600 ha großen Nationalparks im Valle de Viñales (53 km nördlich von Pinar del Río) lockt Besucher aus ganz Kuba an. Hier erheben sich aus flacher roter Erde gigantische, von Grün überzogene Reste jahrmillionenalter Kalkstöcke, von unterirdischen Wassern ausgehöhlt und außen zu weichen Formen erodiert: die berühmten ★ *Mogotes*. Ein Paradies für Naturfreunde, in dem viele endemische Pflanzen und Vögel beheimatet sind. Treffpunkt der Traveller ist der weltoffene kleine Ort *Viñales* (seit 1607) mit seinen vielen *casas particulares*.

SEHENSWERTES

Cueva del Indio
Die Höhle durchströmt ein kleiner Fluss, den man während der Besichtigung mit einem Boot befährt. Restaurant *(Tel. 08/93 62 80, €)* und Laden vor dem Eingang. Wer den abendlichen Ausflug Tausender Fledermäuse aus der Höhle miterleben will, sollte sich rechtzeitig um 17.45 Uhr am Ausgang der Höhle beim *Ranchón campestre* einfinden. *Tgl. 9–22 Uhr, Eintritt 3 US $*

Mural de la Prehistoria
Mit etwas Phantasie kann man sich beim Betrachten des riesigen Wandgemäldes (1961) von Leovigildo González auf der Kalkwand des Mogote Dos Hermanos wie auf dem Grund eines Urmeeres fühlen

Moderne Kunst am Kalkberg: das Mural de la Prehistoria

(tgl. 8–19 Uhr, Eintritt 1 US $). Das Restaurant *Dos Hermanos* serviert die Spezialität Schweinebraten mit *arroz moro (tgl. 8–16 Uhr, €€)*.

ESSEN & TRINKEN

Casa de Don Tomás
Gutes Restaurant, das in einem alten Holzhaus von 1888 untergebracht ist. Probieren Sie mal den Hauscocktail »Trapiette«. *Ctra. Principal, Tel. 08/79 31 14, tgl. 10 bis 22 Uhr, €€*

El Palenque
Das in den Farben der Santería-Gottheiten dekorierte und einer typischen Sklavensiedlung *(palenque)* nachempfundene Restaurant – Spezialität *pollo asado al cimarrón y arroz mixto* (gebratenes Huhn und mit Speck und Wurststücken angereicherter Reis), erreicht man von der Snackbar am Eingang durch einen 140 m langen Höhlengang *(1 US $ Eintritt für Besucher, die es nur besichtigen wollen)*. Es soll an die in der Kolonialzeit in solchen Mogotes-Höhlen untergeschlüpften *cimarrónes* (entlaufene Sklaven) erinnern *(tgl. 9–16 Uhr, €)*. Die Snackbar am Höhleneingang *(24 Std. geöffnet, €)* verwandelt sich Do, Fr, Sa in ein Kabarett mit Disko *(22.30–24.30 Uhr Show »Ritmo y Sabor de Cuba«, Tanz bis 2 Uhr)*.

ÜBERNACHTEN

La Ermita
Die Zufahrt zum zweitschönsten Aussichtshotel (mit Poolterrasse und Bar) führt durch Viñales. *62 Zi., Ctra. de Viñales, km 2, Tel. 08/76 60 72, www.horizontes.cu, €€*

Los Jazmínes
Die Nummer eins in Viñales, Treffpunkt von Touristen aus aller Welt. Von der Poolterrasse ein phantastischer Blick in das Tal der Mogotes. *78 Zi., Ctra. de Viñales, km 25, Tel. 08/76 62 05, Fax 79 62 10, €€*

ZIELE IN DER UMGEBUNG

Insider Tipp **Cayo Jutías** [111 D2]
Die kaum bekannte, unbewohnte kleine Badeinsel bei Santa Lucía liegt nur etwa 45 Autominuten von Viñales entfernt und ist über einen 12 km langen Damm erreichbar *(Eintritt 5 US $)*. Es erwarten Sie ein herrlich transparentes Meer und ein schöner, langer Strand, den stellenweise Mangroven überwuchern. Es gibt Strandhütten zum Campieren *(die Nacht 7 US $)*, ein Restaurant *(tgl. 9–19 Uhr)* und einen Verleih von Schnorchelausrüstung. Bootstouren zum benachbarten Cayo Megano.

Cayo Levisa [111 E2]
Auch diese kleine Insel im Nordosten von Viñales lockt mit superklarem Wasser zum Baden und Schnorcheln. Allerdings erreicht man sie nur auf dem Wasserweg von Palma Rubia *(tgl. 10 und 17 Uhr)*. Alle größeren Hotels bieten Tagesausflüge an *(im Hotel Jazmínes für 29 US $)*.

VARADERO

[113 F2] Einer der ersten Touristen Varaderos, der chilenische Dichter Pablo Neruda, schwärmte hier noch vom Zauber »der elektrisch sprühenden Küste«, von »Leuchttier und Flut«, vom »unaufhörlichen Schimmern des Phosphors und des Mondes«. Heute zählt für die Besucher anderes: Sun & Fun und ein gutes Hotel. Varadero hat sich längst auf diese Klientel eingestellt: Rund 30 Hotels überwiegend der mittleren, gehobenen und All-Inclusive-Güteklasse säumen einen Strand, der ohnehin ein Klassiker und mit rund 12 km Kubas längster und breitester Strand ist. Die Hotels, Restaurants, Bars und Top-Diskotheken verteilen sich über die ganze 19 km lange Halbinsel Hicaco, wobei die östlichste Strandzone mit den neueren Hotels den Touristen vorbehalten ist. Von den Anfängen, als Varadero noch ein Salinendorf war (1887), ist wenig geblieben: die Kirche Elvira von 1880 (Calle 47/1ra Ave.) und das stachelige Monster an der Punta del Rincón Francés, ein 500-jähriger Riesenkaktus.

SEHENSWERTES

Cueva de Ambrosio
1961 entdeckte Höhle an der Autopista Sur, km 2, in der über 70 altamerikanische und vermutlich von Sklaven angebrachte Felszeichnungen kultischer Art erhalten sind. *Autopista Sur, Eintritt 2 US $*

Retiro Josone
Schöner Erholungspark mit einem künstlich angelegten See und botanischen Kostbarkeiten, schattigen Wegen, Restaurants und Freiluftbars. *1a Ave. (zw. Calle 56/Calle 59), Eintritt 1 US $*

MUSEUM

Museo Municipal
Stadtmuseum in einem hübschen Holzhaus, der Casa Villa Abreu (1921). Zu sehen ist u. a. die Frucht des Hicaco-Baums, nach dem die Halbinsel benannt ist. Die *Sala Deporte* ist berühmten Sportlern Kubas gewidmet. Den Garten schmücken Steinskulpturen. *Calle 57/Playa, tgl. 10–18 Uhr, Eintritt 1 US $*

ESSEN & TRINKEN

Albacora
Unter einem großen Seetraubenbaum speist man mit Blick auf den Strand; besonders gut: Schellfisch. *Zw. Calle 60/Mar (Meer), Tel. 045/ 61 36 50, tgl. 10–23, Terrasse 10 bis 18, Bootsverleih 8–20 Uhr, €€*

Las Américas/ Panoramabar Casablanca
Das edel mit Mahagoni ausstaffierte Gourmetrestaurant mit Seeblickterrasse in der ehemaligen Villa DuPont gehört zu den besten Adressen. Stilvoll beginnt oder endet ein Menü in der *Panoramabar Casablanca* im Obergeschoss, von der sich ein phantastischer Rundblick bietet. *Ave. Las Américas/Mansión Xanadú, Tel. 045/66 77 50, tgl. 10 bis 23, Panoramabar 19–3 Uhr, €€€*

La Barbacoa
Grilllokal in einer alten Villa. Musikanten spielen kubanische Lieder. Außer Rindfleisch werden gegrillter Fisch (auch Langusten und Garnelen) sowie Huhn angeboten. *1a Ave./Calle 73, Tel. 045/66 75 95, tgl. 12–24 Uhr, €€*

Bodegón Criollo
Kreolische Küche vom Feinsten. Probieren Sie *potaje de frijoles negros* oder den herzhaften *arroz con gris. Calle 40/Ave. La Playa, Tel. 045/ 66 77 84, tgl. 12–24 Uhr, €–€€*

El Retiro
Die Spezialität der hübschen kleinen Gartenvilla im Retiro Josone ist *langosta a la Habana*; gut sind aber auch die kreolischen Gerichte. *1a Ave./Calle 54, tgl. 12–23 Uhr, Tel. 045/66 73 16, €€€*

Steak House El Toro
Gute Adresse für saftige Steaks aller Art. *Ave. 1ra/Calle 25, Tel. 045/ 66 71 45, tgl. 12–23 Uhr, €€*

La Vicaria
Openairlokal mit guten und günstigen kreolischen Tagesgerichten. *Calle 1ra/Calle 38, Tel. 045/ 61 47 21, tgl. 9–24 Uhr, €–€€*

EINKAUFEN

Kiosko Artex
Vor allem für Musikfreunde lohnt ein Stöbern in diesem kleinen, alten Souvenirladen. *Ave. 1ra/Calle 47, gegenüber der Kirche, tgl. 9–21 Uhr*

Plaza América
Einkaufszentrum und Centro de Convenciónes mit Supermarkt, Markenboutique (Versace und La Coste), Souvenirläden, Etecsa-Büro und drei Restaurants: *Pizza Nova* (italienisch, €), *Chez Plaza* (international, €€) und der *Cafeteria La Terraza* (schöner Blick auf Strand und Meer, €). Außerdem finden fast täglich *Música-cubana*-Konzerte statt. *Tel. für alle: 045/66 81 81, tgl. 10–23 Uhr, Autopista Sur, km 11*
Insider Tipp

Souvenirmärkte
Viel Auswahl bieten die Märkte vor dem Eispalast *Coppelia (Ave. Primera, zw. Calle 44/Calle 46)* und in der *Calle 57* auf dem Weg zum Museo Municipal.

Taller de Cerámicas Artistas
Besuchenswerte Verkaufsgalerie und Werkstatt kubanischer Keramikkünstler. Gleich daneben die mit Nippes und Kunst prall gefüllte *Galería de Arte. 1a Ave. (hinter dem Hotel Atabey), tgl. 9–19 Uhr*

ÜBERNACHTEN

In jüngster Zeit sind an der Punta Frances von Hicaco mehrere große, luxuriöse All-Inclusive-Anlagen entstanden, die alle pauschal bei Veranstaltern günstiger als vor Ort zu buchen sind: z.B. das *Bahia Principe (503 Zi, Tel. 045/66 82 88, Fax 66 83 40, €€€)*, das von Meliá-Hotels gemanagte *Paradisus Varadero (429 Zi., Tel. 045/66 87 00, Fax 66 87 05, €€€)*, das *LTI-Varadero Beach Resort (391 Zi., Punta Hicacos, Tel. 045/66 88 22, Fax 66 88 33, www.lti.de, €€€)* oder die Sandals Resorts *Beaches Varadero (Kinder erst ab 16 J., 350 Juniorsuiten, Tel. 045/66 84 70, Fax 66 83 35)* und *Royal Hicacos Resort & SPA (nur für Paare, 404 Suiten, Tel. 045/66 84 70, Fax 66 85 44)*, beide *www.sandalshicacos.com, €€€*.

Bella Costa
Von der spanischen Iberostar-Gruppe übernommenes ehemaliges LTI-Hotel zu Beginn der All-Inclusive-Hotelzone, sehr beliebt bei Familien. *382 Zi., All-Inclusive-Service, Ctra. Las Américas, km 3,5, Tel. 045/66 72 10, Fax 66 71 74, €€€*

Brisas del Caribe
All-Inclusive-Anlage an ruhigem, von einer Klippe begrenztem Strandabschnitt. Sehr beliebt auch bei jüngeren Leuten. *440 Zi., Ctra. La Morlas, km 12, Tel. 045/66 80 30, Fax 66 81 20, €€€*

Club Kawama
Individuelles Wohnen in Villen der 1950er- und 70er-Jahre in den Dünen. *235 Zi., Ave. 1ra/Calle 0, Tel. 045/61 44 16, Fax 66 73 34, reserva@kawama.gca.cma.net, €€*

Los Delfines
Anmutig im Kolonialstil gestaltete kleinere Hotelanlage mit Pool, Restaurants und Bar am Strand. *103 Zi. mit Bad/Klimaanlage, Ave. 1ra/39, Tel. 045/66 77 20, 66 77 21, Fax 66 77 27, www.horizontes.cu, €€*

Dos Mares
Familiäres, kleines Hotel mit gutem Restaurant *Istmo*. Zum Strand nur 3 Min. *34 Zi., 1a Ave./Calle 53, Tel. 045/61 27 02, Fax 66 74 99, €*

Mansión Xanadú
★ Marmorbäder mit Jugendstil- und Art-déco-Armaturen und andere Raffinessen, die sich der Erbauer der Villa DuPont leistete, kann man jetzt als Hotelgast in einem der sechs Zimmer genießen. Im Preis sind Frühstück und Green Fee für den Golfplatz vor der Haustür enthalten. Das Haus ließ sich der amerikanische Großindustrielle DuPont de Nemours in den 1930er-Jahren als Sommerhaus erbauen. *Ave. Las Américas, km 8,5, Tel. 045/66 84 82, Fax 66 84 81, €€€*

Meliá Resorts
Die beiden Traditionshäuser des spanischen Konzerns schließen an den Golfclub an: Das *Melía Las Américas* bietet 355 Zimmer, 90 Bungalows, 2 Präsidentensuiten *(Autopista Sur, Tel. 045/66 70 13, Fax 66 26 05)*, das *Meliá Varadero* 490 Zimmer und 100 Bungalows *(Tel. 045/66 70 13, Fax 66 70 12), www.solmelia.es, beide €€€*

Pullman
»Einfach und zentral«, so wirbt das kleine Hotel mit dem neogotischen Burgturm für sich. Es gibt ein gemütliches Restaurant und dazu eine

Bar als Treff. *15 Zi., 1a Ave. (zw. Calle 49/Calle 50), Tel. 045/ 61 27 02, Fax 66 74 99, €–€€*

RIU Las Morlas/RIU Turquesa
Direkt am Strand liegen beide, das junge *RIU Las Morlas (143 Zi., Ave. Las Américas/A, Reparto La Torre, Tel. 045/66 72 30, Fax 66 72 15, €€)* in Ortsnähe, das *RIU Turquesa (268 Zi., Ctra. Los Taínos, Tel. 045/ 66 84 71, Fax 66 84 95, €€€)* 8 km entfernt in der neuen Hotelzone. Beides sind All-Inclusive-Häuser. *www.riu-hotels.de*

SuperClub Resorts
SuperClubs Puntarena an der Westspitze von Hicaco *(510 Zi., Ave. Kawama Final, Tel. 045/66 71 20, Fax 66 70 74)* und *Breezes Varadero*, eine schöne Anlage im Osten an der Ctra. Las Américas, km 3 *(270 Zi., Tel. 045/66 70 30, Fax 66 70 05), beide www.superclubscuba.net, €€€*

FREIZEIT & SPORT

Altius Sole
Anbieter von Tagestrips ins Hinterland, mit Jeep, Pferd und Schlauchboot. Auf dem Programm stehen u. a. der Besuch einer Höhle, einer Zuckerplantage und eine abenteuerliche Bootsfahrt durch die urwüchsige tropische Flusslandschaft des Río Canimao. Letztere kann man auch ohne Bootsführerschein selbst am Steuer unternehmen; ein Boot mit 4 Plätzen kostet pro Person und Tag ca. 40 US $, inklusive Mittagessen im *Ranchón*. Mückenschutz nicht vergessen! *Bootshafen gegenüber dem neuen Tropicana an der Vía Blanca Richtung Havanna; Infos für alle Ausflüge unter Tel. 045/ 66 80 00*

Insider Tipp

Katamarane am Strand von Varadero

Delfinario
Dressierte Delphine vollführen hier Luftsprünge. *Autopista Sur, km 14, Tel. 045/66 80 31, tgl. 9–17 Uhr, Shows um 11, 14.30 und 16.30 Uhr, Eintritt 10 US $, Schwimmen mit Delphinen (nach Anm.) 60 US $*

Varadero Golf Club Cuba
18-Loch-Platz bei der Mansión Xanadú. *Tel. 045/66 84 82*

(Katamaran-)Segeln
In der Marina Chaplin (oder Aquaworld), kann man Segelboote leihen. Hier starten außerdem die Jungle-Tour durch die Mangrovenwildnis der gegenüberliegenden Insel *(Abfahrten tgl. 9–16 Uhr)* und Katamaran-Ausflüge in die Inselwelt östlich von Hicaco (Diana Cay, Romero Cay, Cayos Blancos, Piedra del Norte Cay). Hochseeangler können zu Angelfahrten ausfahren. *Ctra. Las Morlas, km 12, Tel. 045/66 84 40, Fax 66 84 41*

Tauchen
Centro Internacional de Buceo Barracuda, Tauchkurse und Ausflüge zu den Korallenriffen, zu Schiffswracks

und nächtliche Tauchgänge *(Ave. 1ra, zw. Calle 58/Calle 59 – oder über die Hotels).* Tauchbasis *Scubacuba »Barracuda«, Carretera Las Morlas, km 12, Tel. 045/66 75 50, Fax 66 70 73*

Varasub
Das in Japan gebaute U-Boot bietet 50 Plätze und startet meist sechsmal täglich ab Punta Blanca Villa am Eingang von Varadero. Eine Tauchfahrt (1,5 Std.) kostet 25 US $ (Kinder 15 US $). Reservierungen: *Tour and Travel, Ave. Playa (zw. Calle 36/Calle 37), Tel. 045/66 72 79*

AM ABEND

Cueva La Pirata
Show und Tanz in einer zur Disko-Bar umgestalteten Höhle, die rund 200 Personen fasst. *Ave. Las Américas, hinter dem Hotel Sol Palmeras, Tel. 045/66 77 51, Mo–Sa 21–3 Uhr, Eintritt 10 US $*

Havana Club
Angesagte Touristendisko nahe den kleineren Hotels. *1ra Ave./Calle 62 (gegenüber dem Hotel Cuatro Palmas), Tel. 045/66 75 00, tgl. 22–4 Uhr, Eintritt 10 US $*

Mambo Club
Hier spielen kubanische Musiker Hits der 1950er-Jahre. *Ctra. Las Morlas, km 14, Tel. 045/66 82 43, tgl. 21–4 Uhr, Eintritt 10 US $*

Palacio de la Rumba
Die größte und verrückteste Disko Kubas. *Ctra. de las Américas, km 4 (wo sie in einer Sackgasse endet), tgl. 22–4 Uhr, Fr, Sa, So 16 Uhr* Insider Tipp *Matinée für Jugendliche, Tel. 045/66 75 52, Eintritt 10 US $*

ZIELE IN DER UMGEBUNG

Cárdenas **[116 A1–2]**
Die »Stadt der Kutschen« liegt rund 18 km östlich von Varadero. Am besten lässt sich die 70 000-Ew.-Stadt, in der zum ersten Mal die kubanische Flagge gehisst wurde, mit einer Kutsche entdecken. Zu sehen gibt es das erste Kolumbusdenkmal der Insel (im Parque Colón) und, vor allem, das *Museo Oscar María de Rojas (Plaza San José Echevería, Di–Sa 13–18, So 9–13 Uhr).* Zu dessen wertvollsten Ausstellungsstücken zählt eine prächtig ausstaffierte Kutsche aus dem 19. Jh.

Cayo Largo **[115 F4–5]**
★ Sie ist das südlichste einer langen Reihe von Inselchen zwischen der Halbinsel Zapata und der Isla de la Juventud: das nur 38 km^2 kleine Cayo Largo. Viele halten es für den schönsten Platz Kubas, weil hier das karibische Meer so allgegenwärtig ist, der Strand so herrlich weiß und breit und genau so lang wie die ganze Insel, nämlich 25 km. Und wer eine Sandbank als Sonnenbank vorzieht, setzt zur 2 km langen Playa Sirena über. Außerdem starten Schiffe zum weißen Palmenstrand der Cayo Avalos, zur Leguaninsel Cayo Iguana, zu den Schnorchelparadiesen von Cayo Rico oder zur Seevogelkolonie Cayo Pájaro. Das luxuriöseste der wenigen Hotels auf der Insel ist das *Sol Cayo Largo*, ein Haus der spanischen Meliá-Sol-Gruppe *(296 Zi., Tel. 045/24 82 60, Fax 24 82 65, www.solmeliacuba.com, €€€).* Schön am Rand der Hotelzone gelegen sind die 53 palmgedeckten Strandcabañas des *Hotels Villa Lindamar (Tel. 045/24 81 11, Fax 24 81 69, €€).*

Ciénaga de Zapata **[116 A4–5]**
★ Das ökologisch bedeutendste Feuchtgebiet Kubas erstreckt sich über die gesamte gleichnamige Halbinsel und ist von Flüssen und Lagunen durchzogen. Mit seiner dichten Mangrovenwaldvegetation bietet es seltenen Wasservögeln und -pflanzen einen idealen Lebensraum. Das Tor zu diesem riesigen Gebiet ist *La Boca* an der *Laguna del Tesoro.* Man kann eine *Krokodilzuchtstation* besichtigen und das Fleisch der eigens für Schlachtzwecke gehaltenen Tiere probieren *(tgl. 9–16 Uhr, Eintritt 5 US $).* Hauptziel der Bootsausflüge ab La Boca ist das Indianerdorf *Guamá* (siehe »Mit Kindern reisen«).

An der Südküste öffnet sich die Ciénaga zur *Bahía de Cochinos,* der Schweinebucht, wo sich die *Playa Larga* unter Palmen ausbreitet. Hoteltipp: *Horizontes Playa Larga (44 Zi., Tel. 045/72 06, Fax 971 67, €).* Südlich liegt die *Playa Girón* (32 km). Hier landeten 1961 Exilkubaner in der irrigen Meinung, Kuba wolle sich mit ihrer Hilfe vom Kommunismus befreien lassen. An die gescheiterte Invasion erinnern das *Museo de la Intervención (9–17 Uhr, Eintritt 2 US $)* und 48 Steindenkmäler für die Gefallenen (an der Zufahrtsstraße). Hotel: *Horizontes Playa Girón (287 Zi., Tel. 045/41 10, Fax 41 17, €).* Kristallklar ist das Wasser in den Felsbecken von *Caleta Buena,* 8 km östlich von Playa Girón *(tgl. 10–17 Uhr, bis 15 Uhr 12, danach 6 US $, inklusive Getränke und Mittagessen).*

Insider Tipp

Matanzas **[113 E2]**
Hauptstadt der Provinz Matanzas, zu der auch das 37 km entfernte Varadero zählt. Attraktion ist die *Botica Francesa,* eine 1882 eröffnete Apotheke am Zentralpark *(Parque de la Libertad/Calle Maceo, Mo bis Sa 10–18, So 9–13 Uhr, Eintritt 2 US $).* Rechts finden Sie das Infotur-Büro der Provinz, und links das alte *Hotel Louvre (18 Zi., Parque Libertad, Tel. 045/24 40 74, kein Fax, €).* Symbol für Matanzas ehemals bedeutenden Ruf als Kulturmetropole Kubas ist das *Sautoteatro* von 1862.

Eine Attraktion in der näheren Umgebung sind die *Cuevas de Bellamar (Ctra. a las Cuevas, Matanzas, tgl. 9–17 Uhr, Tour de la Esponja 8 US $, Foto/Video 5 US $).* Das 1861 entdeckte, insgesamt 23 km messende unterirdische Höhlensystem ist etwa auf einer Länge von 4 bis 5 km erforscht. 1,5 km davon gelten als begehbar und werden zum Teil während der *Tour de la Esponja* besucht. Am Ufer des Río Canima am Stadtrand liegt das neue Openair-Cabaret *Tropicana (Autopista Varadero, km 4,5, Tel. 045/26 53 80, 65–90 US $).*

Botica Francesa in Matanzas

Cayos und Koloniales

Hier Naturerlebnis und Wassersport, dort anregender Bummel auf historischem Altstadtpflaster

Das Herz Kubas liegt wie ein Puffer zwischen dem kosmopolitischen Havanna im Westen und dem karibischen Santiago im Osten: ruhig, ländlich, im Süden gar behäbig und bodenständig mit dem Escambray-Mittelgebirge. Hier ging Che Guevara zur Offensive über und nahm als erste Stadt Kubas Santa Clara ein. Stauseen verleihen der Berglandschaft einen Hauch Schwermut, der sich an der Südküste allerdings schnell auflöst. Cienfuegos, der alte Zuckerhafen des Südens, glänzt mit einem aufpolierten Zentrum und pulsierendem Leben. Nur eine Autostunde weiter südlich erhebt sich auf einem Hügel das koloniale Altstadtkleinod Trinidad mit Kirchen und aristokratischen Wohnpalästen, die vom verblichenen Glanz der Zeiten des Zuckerbooms zu Anfang des 19. Jhs. erzählen. Und Camagüey, die »goldene Mitte« und drittgrößte Stadt Kubas, besticht mit einer lebendigen Mischung aus Vergangenheit und Gegenwartskultur.

Die Neuzeit hat ihre Domäne hoch im Norden, wo sich der lang

Der Glockenturm des Klosters San Francisco überragt die koloniale Altstadt von Trinidad

Straßenszene in Camagüey

gestreckte Archipiélago de Camagüey vor die Küste legt, durch zwei Landbrücken mit der Hauptinsel verbunden. Ungezählte kleine *cayos*, Koralleninseln mit schneeweißen Stränden, liegen hier wie Glieder einer Kette, von Riffen gesäumt, in glasklarem Wasser an der Meerenge zu den Bahamas: ein Paradies für Schnorchler, Taucher und Hochseefischer. Hier haben sich Cayo Coco, Cayo Guillermo und Cayo Santa María mit erstklassigen Ferienresorts zu touristischen Zielen entwickelt. Kubaner benötigen eine Sondergenehmigung, wenn sie die Inseln besuchen wollen. Am östlichen Ende der schon im 17. Jh. zu Ehren des spanischen Königs »Jardines del Rey« benannten Inselkette liegt Playa Santa Lucía, ebenfalls ein beliebter Ferienort, z. B. für Taucher und Naturfreunde.

Endlose Weite von Strand und Meer auf Cayo Guillermo

Cayería del Norte

[118–119 B–D 1–2] Sie sind die touristischen Senkrechtstarter Kubas: ★ *Cayo Coco* und *Cayo Guillermo*, Teil der *Jardines del Rey* (»Korallengärten des Königs«), dicht gefolgt von den touristischen Newcomern *Cayo Santa María*, *Cayo Las Brujas* und *Cayo Ensenachos* mit seinem Traumstrand, die wiederum Teil der *Cayos de la Herradura* sind. Alle genannten Cayos gehören zum riesigen, fast 500 km langen und größten Archipel Kubas, dem *Archipiélago Sabana-Camagüey*. Erreichbar sind die beiden Inselgruppen des Archipels vom Inselfestland über zwei befahrbare Dämme *(pedrapléncs)*. Allein die Fahrt versetzt schon in Urlaubsstimmung, denn die Dämme führen mitten durchs Meer, vorbei an gründelnden Flamingos und anderen Seevögeln. Der Damm zu den Cayos de la Herradura ist mit 48 km der längste Kubas (Zufahrt via Caibarién), der Damm zu den Cayos der Jardines del Rey ist dagegen »nur« 17 km lang (Anfahrt via Morón). Hier mauserten sich die Inseln *Cayo Coco* und *Cayo Guillermo* in den letzten Jahren zu All-Inclusive-Hochburgen mit weit auseinander liegenden großen Hotelkomplexen und sogar einem eigenen Internationalen Flughafen. Zwischen beiden Inselkomplexen breitet sich der *Meeresnationalpark Cayo Guillermo/Cayo Santa María* aus. Auf den Cayos sind 159 Vogelarten beheimatet. Für Birdwatcher wurden spezielle Wanderwege eingerichtet.

Achtung: Wer an den Schranken vor den Dämmen keinen Reisepass mit der Kopie des Einreisevisums vorzeigen kann, wird nicht durchgelassen. Bei der Ein- und Ausfahrt wird eine Gebühr von 2 US $ fällig.

SEHENSWERTES

Cueva del Jabalí **[118 C2]**

Die Korallensteinhöhle ist nach dem in der Umgebung sehr häufig vorkommenden Wildschwein (spanisch *jabalí*) benannt und wurde zur Disko mit Restaurant umgestaltet. *Cayo Coco, tgl. 9–24 Uhr (mit Livemusik und Imbiss)*

Sitio La Güira **[118 C2]**
Attraktionen sind hier die gelegentlich inszenierten *guateques* (Bauernfeste), ein Minizirkus mit Schlange, Krokodil und Büffel sowie Reitausflüge. *Cayo Coco, tgl. 8–21 Uhr, Eintritt frei*

ÜBERNACHTEN

Die meisten Hotels auf den Inseln sind All-Inclusive-Ferienresorts und preiswerter pauschal bei einem Veranstalter als vor Ort zu buchen. Besonders stark vertreten ist *Sol-Meliá (www.solmeliacuba.com)* mit dem ersten und größten Hotel auf Cayo Coco, dem *Hotel & Club Tryp Cayo Coco (508 Zi, Tel. 033/30 13 56, Fax 30 13 76)* und dem *Meliá Cayo Coco (250 Zi. in Wasserbungalows, Tel. 033/30 11 80, Fax 30 13 84)*; außerdem auf Cayo Guillermo mit dem *Sol Club Cayo Guillermo (270 Zi., Tel. 033/30 17 60, Fax 30 17 61)* und dem *Meliá Cayo Guillermo (314 Zi., Tel. 033/30 16 80, Fax 30 16 85)* sowie auf der Cayo Santa María mit dem *Sol Cayo Santa María (300 Zi., Tel. 042/35 15 00, Fax 35 15 05)*, alle €€€.

Cayo Guillermo Villa Cojimar **[118 C1]**
Weitläufige, gepflegte Bungalowanlage mit Clubatmosphäre. *180 Zi., Cayo Guillermo, Zufahrt vom Festland via Morón, Tel. 033/30 17 12, Fax 30 17 27,* €€

Villa Las Brujas **[118 B1]**
Luftig auf einem Felsplateau der Cayo Las Brujas verteilte schräge Wohnhäuschen mit überraschendem Innenkomfort (TV, Minibar, Telefon). *24 Bungalows, Zufahrt vom Festland via Caibarién, Tel. 042/20 41 99, Fax 20 75 99,* €

Villa Cayo Coco **[119 D2]**
Kleineres Hotel inmitten der All-Inclusive-Goliaths nahe der Punta Raza auf Cayo Coco. *48 Zi., Zufahrt vom Festland via Morón, Tel. 033/30 21 80,* €–€€

MARCO POLO Highlights »Die Mitte«

★ **Cayo Coco**
Eine wilde Insel und Traumhotels (Seite 58)

★ **Museo Memorial Ernesto Che Guevara**
Pilgerstätte für alle Fans des unvergessenen Revolutionärs in Santa Clara (Seite 67)

★ **Trinidad**
Vom Turm des Stadtmuseums bietet sich der schönste Blick über Kubas »Rothenburg« (Seite 65)

★ **Palacio de Valle**
Langustengenuss zwischen maurischen Mosaiken in Cienfuegos (Seite 62)

FREIZEIT & SPORT

Alle Hotels bieten Sportmöglichkeiten für Taucher und Ausflüge, z. B. mit dem Glasbodenboot zum Riff, mit dem Katamaran zu Nachbarinseln oder »Jungle-Trips« durch die Mangroven sowie Angelausflüge. Außerdem können Hobiecats und Surfausrüstung ausgeliehen werden. Auskünfte in den Hotels.

Insider Tipp **Playa Pilar** **[118 C1]**
Öffentliche Strandmeile am Ende von Cayo Guillermo mit traumhaftem, fast neongrün leuchtendem Wasser. Katamaransegler bringen Sie zum *Cayo Media Luna* oder zu einem Schnorcheltrip zum Riff. Im Restaurant *(tgl. 8–17 Uhr, €–€€)* gibt es u. a. Languste für 15 US $.

ZIEL IN DER UMGEBUNG

Morón **[118 C3]**
Eine Hahnenskulptur erinnert an die Tradition der Kleinstadt als Zentrum der Hahnenkämpfe. Ein annehmbares Hotel ist das *Carrusel Morón (144 Zi., Ave. De Tarafa, Tel. 0335/22 30, Fax 30 13 47, €–€€)*. Wer lieber privat wohnt, wird sich in der *casa particular* von Señora Daysy Hernández Reina wohlfühlen *(2 Zi. mit Bad und Terrasse, Castillo Nr. 177, zw. Serafin Sánchez/Callejas, kein Tel., €)*. Insider Tipp

CAMAGÜEY

[121 F3] Trotz ihrer Größe (rund 300 000 Ew.) besitzt die Stadt im Herzen Kubas den Charme einer historisch gewachsenen Provinzmetropole. Ihr Wahrzeichen sind die *tinajeros*, große Tonkrüge, in denen die Reichen zur Regenzeit Wasser sammelten. Diego de Velázquez gründete die Stadt 1515 unter dem Namen Santa María Puerto Príncipe an der Küste. Wegen vieler Piratenüberfälle und der sumpfigen Umgebung wurde sie 1516 an das Ufer des Río Caonao und 1528 ins Landesinnere an ihren jetzigen Platz verlegt. 1923 erhielt sie den heutigen Namen – nach einem Kaziken aus vorkolumbischer Zeit. Eine aristokratische spanische Oberschicht, die überwiegend aus Toledo stammte, kam hier mit Zuckerrohranbau und Viehzucht zu Wohlstand, der sich u. a. in einem regen kulturellen Leben manifestierte. Camagüey ist die Heimat des berühmten Dichters Nicolás Guillén (1902–89), des Entdeckers des Gelbfieberimpfstoffs Carlos F. Finlay (1833–1915) und des Freiheitskämpfers Ignacio Agramonte (1841 bis 73). Einen guten Ruf besitzt das Ballett de Camagüey. Viele Veranstaltungen und ein reges Nachtleben lassen in Camagüey keine Langeweile aufkommen.

SEHENSWERTES

Plaza San Juan de Dios
Schöner Kolonialplatz, gerahmt von alten Kaufmannshäusern, Restaurants und dem Hospitalkomplex mit der Kirche San Juan de Dios (1728), auf dem ein Souvenirmarkt lockt. Insider Tipp

MUSEUM

Casa Natal Ignacio Agramonte
Geburtshaus des 1873 bei Jimaguay im Kampf gegen Spanien gefallenen Volkshelden Ignacio Agramonte. *Agramonte/Candelaria, Mo–Sa 10 bis 17, So 8–12 Uhr, Eintritt 1 US$*

ESSEN & TRINKEN

Campana de Toledo
Altes Kaufmannshaus mit rotem Steinfußboden und einem Patio mit Palmen, Flamboyant- und Mandelbaum. Spezialität: Schweinefleischgerichte. *Plaza San Juan de Dios 10, Tel. 032/29 58 88, tgl. 9–21 Uhr, €*

EINKAUFEN

Atelier Oscar Rodríguez La Seria
Der über die Grenzen Kubas bekannte Künstler verkauft Tonarbeiten in der eigenen Werkstatt. *Bellavista 420, Tel. 032/28 14 00 (nur nach Anmeldung)*

ÜBERNACHTEN

Gran Hotel
Altehrwürdiges Haus vom Anfang des 20. Jhs., mit kleinem Pool und gutem Restaurant. *72 Zi. (mit Satelliten-TV), Calle Maceo 67, Tel. 032/29 20 93, Fax 29 33 39, €–€€*

Horizontes Camagüey
Älteres, aber komfortables Hotel der Hotelkette Horizonte. *142 Zi., Restaurant, Bar, Disko, Ctra. Central, km 4,5, Este, Tel. 032/28 72 67, Fax 28 71 81, €*

Hospedaje Alfredo y Milagros Insider Tipp
Große Räume, Patio, Frühstück à la carte und andere Mahlzeiten nach Wunsch. Von dieser *casa particular* sind alle Plätze der Stadt bequem zu Fuß zu erreichen. *3 Zi. mit Bad und Klimaanlage, Cisneros 124/San Clemente, Tel. 032/29 74 36, €*

Plaza
Cityhotel mit schlichtem Mobiliar in hohen, alten Mauern gegenüber dem Bahnhof (ruhiger sind die Zimmer zum Innenhof). *67 Zi., Van Horne 1, Tel. 032/28 24 13, €*

Die ersten Kubaner

Spuren der ausgerotteten Ureinwohner

Scherben, Namen, Legenden – viel mehr blieb nicht von Kubas Urbevölkerung. Innerhalb weniger Jahrzehnte waren die ursprünglich rund 300 000 Indianer nahezu ausgerottet, dahingerafft von eingeschleppten Krankheiten, gegen die ihr Immunsystem keine Abwehrstoffe besaß, aber auch durch brutale Zwangsarbeit, Mord und Selbstmord. Durchgesetzt hat sich der indianische Name für die Insel: Kuba (Cuba) kommt von Cubanacán, wie ein Kazikentum in der Inselmitte hieß. Auch die Kazikentümer Hanabana, Camagüey und Baracoa leben als Städtenamen fort. Und ein kubanisches Bier erinnert »namentlich« an den Stammeshäuptling Hatuey, der vermutlich von Hispaniola kam, um seine Blutsbrüder vor den Spaniern zu warnen. Er wurde gefangen und als Rädelsführer zum Tod verurteilt. Die Legende erzählt, dass er sich vor dem Tod auf dem Scheiterhaufen weigerte, sich taufen zu lassen, um im Himmel nicht wieder Spaniern zu begegnen.

Palacio de Valle in Cienfuegos

AM ABEND

Bar El Cambio
Die von Oscar Rodríguez La Seria dekorierte Eckkneipe ist Treffpunkt lokaler Intellektueller. *Parque Agramonte, kein Tel., tgl. 0–24 Uhr*

Casa de la Trova
Livemusik mit den besten Son- und Salsagruppen Kubas. *Martí/Cristo 171, Tel. 032/913 57, Eintritt 3 US $*

Teatro Principal
Erbaut 1850, dient das restaurierte Theater wieder sehenswerten Aufführungen z. B. des lokalen Balletts. *General Espinosa, Eintritt 3 US $*

CIENFUEGOS

[116 C4–5] Die »Perle des Südens«, wie sich Cienfuegos gern nennt, empfängt ihre Besucher mit der Weltoffenheit einer Hafenstadt, dem Selbstbewusstsein eines bedeutenden Industriezentrums und einer Prise französischen Flairs, das Siedler aus der damals französischen Kolonie Louisiana (heute USA) 1819 mitbrachten. Die Provinzhauptstadt (123 000 Ew.) liegt in einer tiefen, natürlichen Bucht.

1514 gegründet, stieg sie im 19. Jh. zum wichtigsten Zuckerhafen des Südens auf. Cienfuegos ist nach der kubanischen Krise schnell zur Normalität zurückgekehrt. Am Prachtboulevard Paseo El Prado, der die Innenstadthalbinsel mit der Villenhalbinsel Punta Gorda verbindet, laden Schnellrestaurants und im Zentrum Bars, Restaurants und das aufwändig restaurierte Hotel *La Unión* zur Einkehr ein. Wer lieber stadtfern wohnt, kann sich in eines der Ferienhotels an der Stirnseite der Cienfuegos-Bucht einquartieren. Auf Naturfreunde warten in der Umgebung ein einzigartiger botanischer Garten und der malerische Wasserfall *El Nicho*.

SEHENSWERTES

Castillo de Jagua
Die Festung (1745) schützte die engste Stelle der Cienfuegos-Bucht vor Piraten aus Jamaica. Von der Mole vor dem Hotel Pasacaballo starten Boote zur Überfahrt.

Palacio de Valle
★ Gotik, napoleonische Neoklassik und maurische Stilelemente mischen

sich in dieser Villa. Erbauen ließ sie 1913 für fast 2 Mio. US $ der reiche Spanier Ciscle de Valle y Blanco. Die Räume des Erdgeschosses dienen als Restaurant. Spezialität sind Meeresfrüchte *(Ave. 0/Calle 37, Punta Gorda, Tel. 0432/55 30 21, tgl. 10 bis 23 Uhr, €€–€€€). Hausbesichtigung 1 US $ (inkl. Cocktail)*

Parque Martí
Großzügig angelegt, mit Musikpavillon und Stühlen, drum herum restaurierte Prachthäuser: das klassizistische *Teatro Tomás Terry* (1890), der Anfang des 20. Jhs. erbaute *Palacio Ferrer* mit Aussichtsturm, das *Museo Provincial (vor dem Regierungspalast, Mo–Fr 10–17, Sa 9 bis 13 Uhr, Eintritt 2 US $)*, in dem die Geschichte der Stadt dokumentiert ist, und schließlich die *Kathedrale* (1833–69).

ESSEN & TRINKEN

La Cueva del Camarón
Spezialität des Meeresfrüchterestaurants in Punta Gorda sind Shrimps in Speck *(camarones a la cueva). Calle 37 Nr. 2 (zw. C. 0/C. 2a, Tel. 0432/55 11 28, tgl. 12–23 Uhr, €€*

Pizza Nova
Klimatisiertes italienisches Restaurant schräg gegenüber vom Hotel La Unión. *Galiano/San José, Tel. 0432/58 70 70, tgl. 12–24 Uhr, €€*

ÜBERNACHTEN

Boutique La Unión
Nobel restauriertes, dreistöckiges Stadthotel mit eleganten Zimmern und einem kleinen Pool im Innenhof. *49 Zi., Calle 31/a 54, Tel. 0432/55 10 20, Fax 55 16 85, €€*

Carrusel Faro Luna
Gepflegtes All-Inclusive-Hotel im Kolonialstil mit sehr schöner Poolterrasse mit Seeblick. Zum Haus gehört eine Tauchbasis. *46 Zi., Ctra. de Pasacaballo, km 18, Tel. 0432/54 80 30, Fax 54 80 62, aloja@fluna.cfg.cyt.cu, €€–€€€*

Jagua
Traditionshaus im alten Villenviertel auf der Halbinsel Punta Gorda. Swimmingpool, Bar, Restaurant, Shop. *144 Zi., Calle 37 Nr. 1, Punta Gorda, Tel. 0432/55 10 03, Fax 55 12 45, €€*

Rancho Luna
Modernisiertes All-Inclusive-Ferienresort direkt am Strand. *225 Zi., Ctra. de Rancho Luna, Tel. 0432/55 10 12, Fax 481 31, €*

FREIZEIT & SPORT

Tauchen
Attraktive Tauchspots wie Unterwasserhöhlen und ein Wrack liegen nah vor der Küste beim Hotel Faro Luna. Unterricht und Ausflüge bei *Scubacuba »Faro Luna«, ACUC, Ctra. de Pasacaballo, km 18, Ave. del Golfo, Tel./Fax 0432/45 13 40, defluna@acuc.cfg.cyt.cu*

ZIELE IN DER UMGEBUNG

Jardín Botánico [116 C5] Insider Tipp
280 verschiedene Palmen, 23 Bambusarten, insgesamt rund 2000 einheimische und ausländische Pflanzen, sind in dem 1901 in Zusammenarbeit mit der Harvard-Universität gegründeten botanischen Garten zu sehen. *Ctra. a Trinidad, Central Pepito Tey, tgl. 8–16 Uhr, Eintritt 2,50 US $*

El Nicho **[117 D5]**
Der schöne, über Terrassen fließende Wasserfall liegt 50 km südöstlich in der aufsteigenden Sierra del Escambray. Ausflüge bei *Mintur Cienfuegos, Calle 37 Nr. 1406 (zw. 4/16), Punta Gorda, Tel. 0432/45 16 31, Fax 45 16 32, www.cubatravel.cu*

Playa Santa Lucía

[122 C3] Die großspurige Zufahrt täuscht, denn die Hotelmeile von Playa Santa Lucía ist überschaubar. Nicht einmal ein halbes Dutzend Hotels liegen hier am Strand, der – schön breit, fast weiß und stellenweise etwas verwildert – mit einer Länge von 20 km noch an die anschließende Halbinsel heranreicht, die sich um eine von Flamingos bevölkerte Bucht dem Ende des Archipels Camagüey entgegenbiegt.

ÜBERNACHTEN

Brisas Santa Lucía
Ein herrlicher Pool, ein strohgedecktes Restaurant und gepflegte Zimmer versetzen die Gäste in gute All-Inclusive-Laune. *400 Zi., Playa Santa Lucía, Nuevitas, Camagüey, Tel. 032/363 17, Fax 36 51 42, €€–€€€*

Club Amigo Mayanabo
Farblich aufgefrischter alter Betonbau direkt am Strand. All-Inclusive heißt hier Vollpension; unkomplizierte Atmosphäre, 225 passable Zimmer. *Playa, Tel. 032/36 51 68 (-70), Fax 36 51 76, €–€€*

Club Caracol
Luftige, hübsch aufgemöbelte und in einen riesigen Palmengarten eingebettete Anlage. Besonders groß ist das Sportangebot (z. B. Bogenschießen, Tennis und Aerobic). *150 Bungalows, Ctra. Nuevitas, Tel. 032/36 51 58, Fax 36 53 07, aloja@vitaclub.stl.cyt.cu, €€*

EINKAUFEN & AM ABEND

CC Palmares/Universo
Einkaufsmeile mit Läden für Zigarren, Rum, Kaffee, Mode, Kosmetik, Freizeitkleidung und Kunstgewerbe. Ab und zu belebt ein Kunstgewerbemarkt die Minimall. Um die Ecke das italienische Strandrestaurant *Luna Mar (Tel. 032/362 84, tgl. 10–22 Uhr, €€)* und eine *heladería* mit leckerem Eis. Am anderen Ende finden Sie den Eingang zur Disko *La Jungla (tgl. 21–1 Uhr).*

FREIZEIT & SPORT

Tauchen
Die 35 Tauchspots gehören zu den Highlights auf Kuba. Mutige können in 25 m Tiefe bei einem Wrack Haie füttern (75 US $). Anbieter ist die Tauchbasis *Scubacuba Shark Friends* beim Hotel Cuatro Vientos.

ZIELE IN DER UMGEBUNG

Cayo Sabinal **[122 B3]**
Bootsausflüge zu den Stränden *Los Pinos, Brava* (mit Restaurant) und *Bonita* bieten die Hotelagenturen an. Zu sehen sind eine Festungsruine und der Leuchtturm *Faro Colón.*

La Boca **[122 C3]** Insider Tipp
»Krönung« von Santa Lucía im Norden, vom Ortskern 6 km entfernt: Traumstrand, karibische Buden, gute Fischrestaurants. Besonders schön sitzt man im Grill *Bocano (Tel. 032/33 61 01, 24 Std. geöffnet, €).*

TRINIDAD

[117 D6] ★ Die 1513 von Velázquez gegründete Stadt (36 000 Ew.) gilt als das »Rothenburg Kubas«. Holpriges Kopfsteinpflaster (aus Boston importiert), hohe Holztüren und bis unter die roten Dachziegel vergitterte Fenster, barocke Kirchtürme und Pferdekutschen (für Touristen). Reich wurde Trinidad wie so viele kubanische Städte Anfang des 19. Jhs. während des Zuckerbooms. Sklavenbefreiung und Unabhängigkeitskrieg stoppten dann die Entwicklung, Trinidads Hafen verlor an Bedeutung. 1950 zum Nationaldenkmal und 1989 von der Unesco zum Weltkulturgut erklärt, gehört Trinidad heute zusammen mit dem im Hinterland anschließenden *Valle de los Ingenios*, dem Tal der Zuckerfabriken, zu Kubas bedeutendsten Touristenattraktionen. Etwa zehn Fahrminuten entfernt liegt die schöne, breite, weiße *Playa Ancón*, und im gebirgigen Hinterland lockt *Topes de Collantes* mit Wanderwegen zu Wasserfällen.

SEHENSWERTES

Convento San Francisco
Der Turm des ehemaligen Klosters ist höchster Punkt und Symbol der Stadt. Innen wurde das *Museo Nacional de La Lucha Contra Bandidos* eingerichtet. Es dokumentiert den Kampf gegen die Konterrevolutionäre im Escambray-Gebirge 1959 bis 1965. *Calle Boca/Cristo, tgl. 9–17 Uhr*

Im Zentrum Trinidads liegt die palmenbestandene Plaza Mayor

Die Zuckerrohrernte ist noch immer harte Handarbeit

Valle de los Ingenios
Das Tal der Zuckerfabriken liegt an der Straße nach Sancti Spíritus. Sehr schön kann man es kurz nach dem Ortsausgang vom Restaurant *El Mirador* überblicken *(kein Tel., drei Menüs à 7,50 US $)*. Ein beliebtes Fotomotiv ist der nur ein paar Kilometer darauf folgende Glockenturm des Ingenio-Komplexes *Manaca-Iznaga*. Wer sich für Kolonialsitze interessiert, sollte sich noch die Residenz des Zuckerbarons von Guáimaro an der zum ehemaligen Sklavendorf San Pedro abzweigenden Straße ansehen. Sie birgt Fresken eines italienischen Malers. Das Haus wird noch restauriert und soll Zuckermuseum werden.

Insider Tipp

MUSEEN

Üblich ist in den Museen ein Eintritt von 2–3 US $.

Museo de Arqueología
Funde aus vorkolumbischer Zeit, darunter Mahlsteine der Siboney-Indianer. Außerdem dient ein vor etwa 130 Jahren verstorbener Sklave postum als Anschauungsmodell für die Misshandlung der schwarzen Arbeiter; sein Skelett wurde dem Sklavenfriedhof Trinidads entnommen. *Simón Bolívar 457, Mo bis Sa 9–17 Uhr*

Museo Municipal
Stadtmuseum im ehemaligen Haus des Zuckerbarons Cantero. Zu sehen ist u. a. die große Küche, die sich zum Patio hin öffnet. Vom Turm bietet sich ein schöner Blick über die Ziegeldächer der Stadt. *Simón Bolívar 423, So–Fr 9–17 Uhr*

Museo Romantico
Kostbares Porzellan, Kristalllüster, Möbel aus Frankreich und Asien – das ehemals gräfliche Haus ist ein Sesam-öffne-dich luxuriöser Wohnkultur des 18. Jhs., ein Muss auch für Museumsmuffel. *Fernando Hernández Echemendía 52, Di–Sa 9 bis 12 und 14–18, So 9–13 Uhr*

ESSEN & TRINKEN

La Canchanchara
Uriger Treffpunkt für Liebhaber des gleichnamigen Getränks aus Honig, Rum und Zitronensaft. *Tgl. 10 bis 22 Uhr, Rubén Martínez Villena*

El Jigüe
Haus von 1718. Fleisch und Fisch mit Krautsalat, Reis mit schwarzen Bohnen. *Rubén M. Villena 69, Tel. 0419/64 76, tgl. 10–18 Uhr, €–€€*

Paladar Estella
Herzhafte kubanische Hausmannskost. *Simón Bolívar 557, Tel. 0419/ 43 29, €–€€*

EINKAUFEN

Insider Tipp **La Casa del Alfredo**
Der Vater einer ganzen Generation von Keramikern ist hier mit seiner Familie am Werk. Schöne Souvenirs sind die in den Santería-Farben bemalten Masken (3–15 US $). *Andrés Berro Nr. 9 (zw. Avel Santamaría/Julio A. Mella), Tel. 0419/32 02*

ÜBERNACHTEN

Club Gran Caribe Ancón
Modernisiertes Haus aus der touristischen Anfangszeit an der Playa Ancón. *279 Zi., Playa Ancón, Tel. 0419/40 11, Fax 66 74 24, €€*

Brisas Trinidad del Mar
Im Stil eines karibischen Dorfes um eine Poollandschaft erbaut. *241 Zi., Península Ancón, Tel. 0419/65 00, Fax 62 34, €€*

Casa López-Santander
Die stattliche *casa particular* einer alteingesessenen Kaufmannsfamilie liegt in Altstadtnähe. Ordentliche Zimmer mit Bad und Klimaanlage, erstklassige Küche. Der Inhaber vermittelt auch Reitausflüge in das Valle de los Ingenios. *3 Zi., C. Camilo Cienfuegos 313 (zw. Jesús Menéndez/Julio Antonio Mella), Tel. 0419/35 41, €*

ZIELE IN DER UMGEBUNG

Santa Clara **[117 D4]**
Die meisten Besucher zieht es nach Santa Clara wegen des ★ *Museo Memorial Ernesto Che Guevara,* wo u. a. persönliche Dinge wie das Original-Tagebuch ausgestellt sind. *(Ave. de los Desfiles/Plaza de la Revolución, Di–Sa 9–21, So 9–17 Uhr).* Sehenswert in der Stadt, mit deren Einnahme Guevara den Sieg der Revolution einläutete, sind der damals von ihm gestürmte gepanzerte Zug *(Tren blindado, Calle Indepedencia/ Línea del Ferrocarril)*, das *Teatro Caridad* (1885) und die *Iglesia del Buen Viaje* (schöne Holzdecke) sowie das *Museo de Artes decorativas (Marta Abreu/Luis Estévez, Mo und Mi–Sa 13–18, So 9–13 Uhr).* Hoteltipp: Hübsch in einem Palmengarten mit Pool das *Hotel Horizontes Caneyes, 95 Zi., Ave. de los Eucalyptos/Circunvalación de Santa Clara, Tel./Fax 042/21 81 40, €€.*

Sancti Spíritus **[118 A4]**
Die schöne Kolonialstadt (72 000 Ew.) erreicht man von Trinidad in einer Autostunde. Hier sind die temperamentvollen *puntos espirituales* zu hören, für die Region typische Streitgesänge. Die *Iglesia Parroquial Mayor del Espirítu* im Zentrum ist eine der ältesten Kirchen Kubas (1522). Gegenüber im *Mesón de Plaza* können Sie sich stärken (gute kreolische Küche, *Máximo Gómez 34, Tel. 041/285 46, tgl. ab 10 Uhr, €*). Ein paar Schritte weiter, am *Parque Serafín Sánchez*, finden Sie mit dem *Plaza* ein gepflegtes Hotel *(29 Zi., Tel. 041/271 02, €).* Bei der Ortsausfahrt kommen Sie über die einzige Bogenbrücke Kubas: die *Puente de Yayabo* (1825).

CATHEDRALIS ECCLESIA
ANNO DOMINI 1522

Afrokuba mit Traumküsten

Von der Urzelle des Landes zu Inseln, Stränden und Buchten – von der Wiege des Son zum »Landeplatz« der Revolution

Wochenmarkt in Santiago

Man sagt den Leuten im Osten Kubas, dem *oriente*, nach, es kümmere sie herzlich wenig, wer in Havanna regiert und wie. Fidel Castro stammt aus dem Oriente. Seine Wiege stand nahe der schönen Bahía de Nipe, einer Region, die, mit dem Rücken zum restlichen Kuba, aufs Meer schaut. Der mangelnde Untertanengeist der Leute im Osten hat historische Wurzeln. So breiteten sich hier schon in vorkolumbischer Zeit große eigenständige Kazikenreiche aus. Über 1500 Jahre alte indianische Friedhöfe und andere Fundstellen bei Banes und Guardalavaca zeugen von dieser Taíno-Zivilisation. Im Osten begann auch das Kolonialzeitalter: Hier ging Kolumbus an Land, hier setzte er das älteste erhaltene Holzkreuz in die Erde, auf der später mit Baracoa die erste Kolonialstadt Kubas entstand. Auch die erste Inselhauptstadt liegt hier: Santiago de Cuba. Hier ankerten die ersten Sklavenschiffe und landeten die Flüchtlinge aus Haiti, mit denen Kubas Kaffee- und Zuckerwirtschaft ihren Aufschwung nahm.

Die Kathedrale von Santiago de Cuba, Kubas südlichster Stadt

Schließlich – fast ein halbes Jahrtausend, nachdem die Spanier mit der Hinrichtung des Kaziken Hatuey den indianischen Widerstand erstickt hatten – reiften hier auch die Pläne zu zwei Revolutionen.

Naturfreunde können sich auf schöne Küstenstriche freuen: Westlich von Santiago de Cuba fällt die Sierra Maestra zu einer Steilküste und weiter zum über 7000 m tiefen Caimangraben ab. Im Osten schufen mehrere Gebirgszüge eine von wilden Buchten und Flussmündungen geprägte Küste. Und im Norden wechselt sie mit Buchten, Inseln und Halbinseln, Karstkegeln und Flussniederungen zwischen Berg und Tal, Land und Meer ab.

Hauptmagnet des Ostens aber bleibt Santiago de Cuba, die »Heimat der kubanischen Musik«.

BARACOA

[127 E3–4] Die kurvenreiche Anfahrt über die Gebirgsstraße La Farola gibt einen Vorgeschmack auf die weltabgeschiedene Lage von Baracoa (234 km von Santiago de Cuba). Dabei begann in dieser heute so überschaubaren hübschen Stadt (50 000 Ew.) am Fuß des markanten Tafelbergs *El Yunque* (560 m) Kubas Kolonialgeschichte. 1492 rammte Kolumbus hier ein Holzkreuz in den Boden (heute die Attraktion in der Parroquía de La Asunción), und 1512 gründete der aus Santo Domingo (Dominikanische Republik) angerückte Diego de Velázquez die erste Hauptstadt der Insel. Heute ist der Ort ein Zentrum des Fischfangs, des Kaffee- und Kakaoanbaus – und eine Oase für Individualtouristen und Naturfreunde. Es gibt auffällig viele *casas particulares* und zahlreiche abenteuerliche Möglichkeiten, das gebirgige Hinterland zu entdecken.

MUSEUM

Fortaleza Matachín/ Museo Municipal
Die Räume des 1739–42 erbauten Forts nutzt der gegenwärtige Museumsdirektor Alejandro Hartmann u. a. für eine Dokumentation über die letzten Indios der Region. *Tgl. 8–18 Uhr, 1 US $*

ESSEN & TRINKEN

Insider Tipp **Casa de Chocolate**
Wer mal frisch aus Kakaofrüchten hergestellte Schokoladengetränke probieren will. *Calle Maceo/Maraville, kein Tel., tgl. 7–21 Uhr, €*

Colonial
Gute Meeresfrüchte in einem schönen Kolonialhaus. *C. Martí 123, Tel. 021/431 61, tgl. 10–23 Uhr, €€*

Fuerte de La Punta
Blick auf die Meerenge nach Haiti, umgeben von alten Festungsmauern; guter Grillfisch. *Tel. 021/433 35, Di–So 12–15, 18–23 Uhr, €*

ÜBERNACHTEN

El Castillo
Das größte Ferienhotel im Ort steht auf den Resten einer alten Festung. Das üppige Ausflugsangebot können auch Nichtgäste nutzen. *38 Zi., Calixto García, Loma del Paraíso, Tel. 021/451 64, Fax 452 23, €*

La Rusa
Der Name erinnert an die exzentrische Russin, die das Haus in den 1930er-Jahren führte. *11 Zi., Paseo Marítimo/Gómez 163, Tel. 021/430 11, €*

ZIEL IN DER UMGEBUNG

Humboldt-Nationalpark [126–127 C–D 3–4] Insider Tipp
Das Gebiet im Rücken Baracoas gilt als der letzte zusammenhängende Regenwald der Karibik, birgt rund 2000 Pflanzen- und 90 Vogelarten und ist seit 2001 Unesco-Welterbestätte. An deren Schutz war die deutsche Organisation *Oro Verde* beteiligt *(www.oroverde.de)*. Wanderungen sind nur mit einem Führer erlaubt, der Sie u. a. zu glasklaren Flüssen und versteckten herrlichen Stränden bringt. Buchungen in den Hotels oder bei *Gaviota (Tel. 021/309 03); Preis 20 US $ für eine ca. 8-stündige Exkursion.*

GUARDALAVACA

[126 A1] Das Ferienparadies im Norden der schön in einem weiten Tal gelegenen Provinzmetropole Holguín beschränkt sich längst nicht mehr auf die schöne Playa Guardalavaca, deren Namen es trägt. Heute zählt man auch die benachbarte Bahía de Naranjo dazu, in der sich kleine Inseln wie Cayo Jutía und Cayo Naranjo und schöne Strände wie die Playa Esmeralda oder Playa Pesquero mit erstklassigen All-Inclusive-Hotels verstecken. Ausflüge führen z. B. auf die Delphin-Insel Cayo Naranjo (siehe »Mit Kindern reisen«), die Safari-Insel Cayo Saetía oder zum Landeplatz von Kolumbus.

MUSEUM

Museo Chorro de Maíta

★ Das Museum bei Guardalavaca zeigt 62 der 108 etwa 1000 bis 1500 Jahre alten Indianerskelette, die Mitte der 1980er-Jahre in Chorro de Maíta gefunden wurden. Der Ort gilt als größte bekannte indianische Begräbnisstätte der Karibik. Die Gebeine sind in der Originalhaltung, viele mit gekreuzten Armen über der Brust, ausgestellt. *Maniabón, Di–Sa 9–17, So 9–13 Uhr, Eintritt 2 US $.* Gegenüber liegt das Indianerdorf *La Aldea Taína* (siehe »Mit Kindern reisen«), wo indianische Tänze vorgeführt werden.

ESSEN & TRINKEN

Conuco de Mongo Viña

Versteckt an der Bucht gelegenes Terrassenlokal mit Blick auf die Lagune. Spezialität sind Schweinefleischgerichte. Im Garten wird eine *jutía conga* (großes einheimisches Nagetier) gehalten. *Playa Esmeralda, Tel. 024/309 15, tgl. 7–22 Uhr (bei Bedarf auch länger),* €–€€

El Cayuelo

Am wilden östlichen Teil der Playa Guardalavaca; mit Meerblick speist man Fisch und Languste. Im Obergeschoss werden vier schöne Zimmer vermietet. *Playa Guardalavaca, Tel. 024/304 22, tgl. 9–23 Uhr,* €

Insider Tipp

MARCO POLO Highlights »Der Osten«

★ **Casa de Velázquez**
In Santiago steht das älteste Haus Kubas, heute Kolonialmuseum (Seite 76)

★ **Museo Chorro de Maíta**
Einzigartiges Museum über der Ausgrabungsstätte eines Indianerfriedhofs bei Guardalavaca (Seite 71)

★ **Museo Nacional del Transporte Terrestre**
Automobile Schätze im Parque de Baconao (Seite 76)

★ **Casa de la Trova**
In der Musikkneipe in Santiago traten früher auch Compay Segundo und Ibrahim Ferrer auf (Seite 80)

Pizza Nova
Guter Treffpunkt im Zentrum der Hotelzone für Pizza- und Pastafans. *Playa Guardalavaca, Tel. 024/ 301 37, tgl. 12–24 Uhr, €*

ÜBERNACHTEN

Breezes Costa Verde
Familienfreundlicher Ableger der jamaikanischen Super Club Resorts, u. a. mit Kids Club; all inclusive. *480 Zi., Playa Pesquero, Tel. 024/ 305 20, Fax 305 70, www.superclubscuba.net, €€€*

Las Brisas
Rundumservice vom Aerobickurs bis zu Reiten und Windsurfen. *237 Zi., Playa Guardalavaca, Tel. 024/ 302 18, Fax 304 18, €€€*

Club Amigo-Atlántico
Dieses aus drei Anlagen bestehende familiäre All-Inclusive-Hotel zieht sich vom Strand bis in den Ort. *747 Zi., z. T. in Bungalows, Playa Guardalavaca, Tel. 024/301 80, Fax 302 20, www.cubanacan.cu, €€*

LTI Costa Verde
Die deutsche LTI-Gruppe ist seit 1999 mit einem schicken All-Inclusive-Resort an der Playa Pesquero vertreten. Großes Ausflugs- und Sportangebot. *309 Zi., Playa Pesquero, Rafael Freyre, Tel. 024/305 10, Fax 305 15, lti@ltihog.co.cu, €€*

Paradisus Río de Oro Meliá
Das vielleicht schönste Resort Kubas, eine Traumanlage mit Palmeninseln, Lagunen und phantasievollen Gärten; auch Miniclub (ab 4 Jahre). *298 Zi., Playa Esmeralda, Tel. 024/300 90, Fax 300 95, www.solmeliacuba.com, €€€*

Sol Río de Luna y Mares
Stilvolle Atmosphäre; der mehrstöckige Bau umgibt eine große Poollandschaft. *464 Zi., Playa Esmeralda, Ctra. Guardalavaca, Tel. 024/ 300 30, Fax 300 35, www.solmeliacuba.com, €€€*

FREIZEIT & SPORT

Segeln
Treff – auch für *Sunset-Cruises* oder Angelwettwerbe – ist die Marina *Gaviota Bahía de Naranjo.*

Tauchen
Kurse und Ausflüge im *Centro Buceo Eagle Ray, Playa Guardalavaca, Tel./Fax 024/33 50 73*

AM ABEND

La Roca
Treffpunkt für Einheimische und Touristen; die zur Terrasse hin offene Disko liegt auf einem Felsplateau am Meer. *Tel. 024/301 67, tgl. ab 21.30 Uhr, Eintritt 3 US $*

ZIELE IN DER UMGEBUNG

Banes **[126 A1–2]**
Das Gebiet um Banes ist wegen zahlreicher präkolumbischer Ausgrabungsstätten bekannt. So ist die Hauptattraktion des 34 km südlich von Guardalavaca gelegenen Ortes eines der wichtigsten archäologischen Museen im Land. Das *Museo Indocubano Baní (General Marrero 305, Di–Sa 9–17, So 8–12 Uhr, Eintritt 1 US $)*, das nach dem mächtigen Kaziken der Region, Baní, benannt ist, zeigt 835 Fundstücke aus indianischen Gräbern. Besonders wertvoll sind die Grabbeigaben aus Ton, u. a. eine goldene Statuette.

Am Strand von Guardalavaca muss man keine Überfüllung fürchten

Empfehlenswerte *casa particular: Julio Danta, Calle Roble 85a (zw. 7ma/8a), Reparto Silva, Tel. 024/ 836 48, €*

Bariay Parque Monumento Nacional **[125 F1]**
16 indianische Götterstatuen, die von griechischen Säulen in der Anordnung eines Schiffsrumpfes bedrängt werden, erinnern an den 29. Oktober 1492, als Kolumbus hier erstmals kubanischen Boden betrat. Das Denkmal im groß angelegten Park schuf 1992 die Künstlerin Caridad Ramos Mosquera. Der Park (ausgeschildert) liegt etwa 25 km von Guardalavaca entfernt nahe Fray Benito. *Tgl. 10–18 Uhr, Eintritt 8 US $, Kinder frei*

Cayo Saetía **[126 A2]**
Auf der grünen Insel leben Zebras und Rehwild. Ausflüge bieten die Hotels an, Restauranteinkehr inklusive. Wer will, kann bleiben: im *Hotel Villa Cayo Saetía (12 Zi., Tel. 024/969 00, Fax 969 03, €).*

Finca Birán **[126 A3]**
Die elterliche Finca von Fidel Castro kann bislang nur von außen besichtigt werden. Sie liegt oberhalb des Nipe-Stausees *(Embalse Nipe)*, ist aber wegen der schlechten Straße, die bei Guaro direkt hinaufführt, besser via Cueto erreichbar.

Holguín **[125 E2]**
Mit vielen Parks und einigen sehenswerten Gebäuden im Zentrum wie der *Kathedrale San Isidoro* (1720) breitet sich Holguín zwischen dem Mayabe-Tal und dem Hügel Loma de la Cruz aus, auf den eine Treppe hinaufführt. Einen Besuch lohnen das *Museo de Ciencias Carlos de la Torre (Calle Maceo 229, zw. Martí/Luz Caballero, Mo bis Do 9–17, Sa 13–17, So 9–17 Uhr, Eintritt 1 US $)* mit Kubas größter Sammlung von Schnecken-

Schön restaurierte Hausfassaden in Holguín

häusern und Muschelschnecken und das Kunstgewerbemuseum *Museo Provincial (Frexes 198, Mo bis Fr 9–17, Sa 9–13 Uhr)*. Für Souvenirjäger dürfte die Puppenfabrik *(Fábrica de Muñeca folklórica, Ctra. Gibar 560, Mo–Sa 8–16.30 Uhr)* interessant sein. Liebhaber alter Drehorgeln können die in der Nähe Insider Tipp liegende *Fábrica de órganos* (Orgelfabrik) besuchen. Auf Wunsch werden der Klang und die flotte, gestanzte Musik vorgeführt *(Ctra. de Gibara 301, Mo–Fr 7–15.30 Uhr, freiwilliger Beitrag zur Fabrikkasse)*.

Sehr schön wohnen Sie im Hotel *Mirador de Mayabe (24 Zi. in Villen; Pool, Restaurant. Alturas de Mayabe, km 8, Tel. 024/ 42 21 60, Fax 42 53 47, €)* auf einem Hügel über dem Mayabe-Tal; zu dem Komplex gehört die sehenswerte *Museumsfinca Mayabe*.

Empfehlenswerte *casas particulares*: Marieta G. Velázquez *(Mendiota 37, zw. Agramonte/Garayalde, Tel. 024/42 27 53, €)* und Dr. Reynaldo B. Parra *(Rastro 41, zw. Agramonte/Garayalde, Tel. 024/ 42 43 52, €)*. Beide liegen nahe des Parks Galixto García mit der *Casa de La Trova*. Auch zum Aussichtspunkt auf dem *Loma de la Cruz* ist es nicht weit.

SANTIAGO DE CUBA

[126 A5] Die lebenslustigste und heißeste Stadt Kubas breitet sich mit engen Gassen, Parks und Kirchen über die hügelige Halbinsel einer großen tiefen Bucht aus. Ihre enge Mündung zur Karibischen See ist gut geschützt: Vor ihr liegt wie ein Pfropfen die kleine Insel Cayo Granma, und auf der Klippe an der Einfahrt wacht wie in den alten Zeiten der großen Piratengefahr aus Jamaika die Festung El Morro.

Treffpunkt in der Stadt ist der *Parque Céspedes*. Gebäude, die große Geschichte erzählen, stehen sich auf diesem Platz gegenüber:

das Rathaus, auf dessen Balkon Fidel Castro den Sieg der Revolution verkündete; das prachtvolle Hotel Casa Grande, dessen Terrasse stets von Touristen aus aller Welt bevölkert ist; die Casa de Velázquez, die ehemalige Residenz des Stadtgründers und ersten Inselgouverneurs; und die Kathedrale (gegr. 1522, umgebaut 1922), in der der Papst 1998 eine Versöhnungsmesse hielt.

Von 1524 an war Santiago de Cuba Inselhauptstadt, musste den Titel aber schon zehn Jahre später an Havanna abgeben. Rettung vor dem Sturz in die Bedeutungslosigkeit brachte die Revolution auf Haiti. Damals flüchteten viele Kaffee- und Zuckerfarmer mit ihren Sklaven nach Santiago de Cuba. Sie brachten ihr Know-how im Anbau von Kaffee und Zuckerrohr mit und der Stadt wirtschaftlichen Aufschwung, dazu französische Lebensart sowie ihre Musik. Letztere hat Santiago de Cuba heute wieder berühmt gemacht. Nirgendwo swingt und tanzt Kuba so unbeschwert wie hier. In der Stadt gibt es gute Hotels und viele *casas particulares*. Wer sich lieber an Stränden einquartiert, findet am Baconao-Park ein paar relativ stadtnahe Strandhotels. Unternehmungslustige können westlich von Santiago de Cuba viel entdecken: z. B. eine schöne Steilküste, den Nationalpark Sierra Maestra oder Bayamo, die in der Ebene des mit 350 km längsten kubanischen Flusses gelegene Hauptstadt der Provinz Granma. Internet: *www.santiago.cu*

SEHENSWERTES

Acuario Baconao

Größte Attraktion des renovierten Aquariums ist der 30 m lange Acryltunnel durch das riesige Haibecken. *Ctra. Baconao, km 27,5, Di bis So 9–17 Uhr, Eintritt 3 US $, Schwimmen mit Delphinen 25 US $*

Inside Tipp

Götter, Kulte und Heilige

Auf Kuba mischen sich christlicher Glaube und afrikanische Mythologie

Ähnlich dem Voodoo in Haiti und dem Candomblé in Salvador de Bahia/Brasilien werden auf Kuba im Rahmen ritueller Versammlungen von *santeros*, den Priestern, die *orishas* angerufen, wie die rund zwanzig guten oder bösen Gottheiten heißen. Die Naturreligion geht davon aus, dass jedem Menschen mindestens eine dieser Gottheiten zugeordnet ist, etwa Ochún, die Göttin der Eitelkeit, Oyá, die gefährliche Göttin der Rache, Yemayá, die Göttin des Meeres und der Mutterschaft, oder Ogún, der Frauenheld, Krieger und Gott der Berge. Für viele Kubaner ist es selbstverständlich, im Haus zwei Altäre zu besitzen: einen christlichen und einen afrikanischen. In spanischer Zeit wurden den afrikanischen Göttern christliche Heilige zugeordnet; die Götter existierten auf diese Weise trotz des inquisitorischen Drucks der Kirche weiter.

Festung El Morro in Santiago

Calle Padre Pico
Die von pittoresken Häuschen flankierte Treppe verbindet die Unter- und die Oberstadt und ist ein beliebtes Fotomotiv.

Castillo del Morro/ Museo de la Piratería
Mit phantastischem Blick übers Meer liegt die gut erhaltene Festung an der Einfahrt zur Bucht. Das Piratenmuseum *(tgl. 9–19 Uhr, Eintritt 4 US $)* gibt Auskunft über die Freibeuterzeit.

Cementerio Santa Ifigenia
Mittelpunkt des Friedhofs ist das Grabmal des Dichters und Freiheitshelden José Martí. Auch andere Gräber tragen bekannte Namen, etwa den der Familie Bacardí. *Ave. Crombet, Mo–Fr 8–18, Sa/So 8–17 Uhr, Eintritt 1 US $, Foto- bzw. Videoerlaubnis 1/5 US $*

Parque de Baconao **[124 B5]**
Seit »Jurassic Park« ist das »Prähistorische Tal« im Parque de Baconao die Attraktion im Osten Kubas. Hier tummeln sich naturgetreu nachgebildete Dinos und andere Urviecher (siehe »Mit Kindern reisen«).

Rund 2 km weiter wird Autoliebhaber das ★ *Museo Nacional del Transporte Terrestre* erfreuen: Hier stehen 34 Oldtimer, u. a. das Ford-Cabriolet von Al Capone und der Ford von Fidel Castros Mutter Lina Ruíz). In einem kleinen Gebäude sind dazu 2071 kleine Automodelle zu sehen *(Ctra. Baconao, km 8,5, tgl. 8–17 Uhr, Eintritt 1 US $)*.

Den größten Teil des Baconao-Parks nimmt die Cordillera Gran Piedra ein, aus der sich als höchste Erhebung (1234 m) ein gigantischer Fels, der *Gran Piedra*, erhebt. Oben gibt es einen Mirador (Aussichtspunkt) mit Restaurant. An der Zufahrtsstraße liegen das *Hotel Gran Piedra (22 Zi., Tel. 022/68 61 47, €)* und das *Museo La Isabelica (Di–Sa 10–16.30, So 9–13 Uhr, Eintritt 2 US $)*, ein Kaffeemuseum in einer ehemaligen Kaffeefinca. *Ctra. Gran Piedra, km 14/Ctra. Baconao*

MUSEEN

Üblich ist in den Museen ein Eintritt von 1–2 US $.

Casa Natal Antonio Maceo
Bürgerhaus (1830), in dem der Freiheitskämpfer Antonio Maceo aufwuchs. Das Museum dokumentiert sein Leben. *Los Maceos 207 (zw. Corona/Rastro), Mo–Sa 14–18 Uhr*

Casa de Velázquez
★ Mit ihrem holzvergitterten Balkon schon von außen ein koloniales

Schmuckstück: die für den ersten Gouverneur Kubas 1516–30 erbaute Casa Diego Velázquez. Im Erdgeschoss, das als Kommandantur diente, steht noch der Schmelzofen für erbeutetes Gold. Im Obergeschoss, hinter einem holzvergitterten Galeriegang, befanden sich die Privaträume. In diesem und im Nachbarhaus zeigt das *Museo de Ambiente Histórico Cubano* Möbel des 17.–19. Jhs. *C. Félix Peña 610 (Parque Céspedes), Mo–Sa 9–17, So 9–13 Uhr, Eintritt 3 US $*

Granjita Siboney
In der Finca bereitete Fidel Castro 1953 den Sturm auf die Moncada-Kaserne vor. Im Garten kann man den Brunnen sehen, wo die Rebellen ihre Waffen versteckten. *Ctra. Siboney, km 13,5, tgl. 9–17 Uhr*

Insider Tipp **Museo de Carnaval**
Masken, Kostüme, typische Musikinstrumente wie *congas* und *cornetas*, Plakate und Fotos vermitteln einen Eindruck vom Karneval in Santiago (letzte Juliwoche). *Heredia 303, Di–Sa 8–20, So 9–17 Uhr, Folklorevorführungen Di–Sa 16 und So 11 Uhr*

Museo de la Lucha Clandestina
Die auf einem Hügel gelegene ehemalige Estación Nacional de Batista war Ziel eines Angriffs der Batista-Gegner. Heute wird hier die Untergrundbewegung unter Führung von Frank País dokumentiert, der mit 22 Jahren auf der Straße erschossen wurde. *Padre Pico/General Rabi 1, Mo–Sa 9–17, So 9–13 Uhr*

Museo Provincial Emilio Bacardí
Säulengeschmückter Tempel der Archäologie und Stadtgeschichte – als erstes Museum Kubas 1899 gegründet. Der Schreibtisch des Museumsgründers Emilio Bacardí steht links im Eingang. *Pío Rosado/Aguilera, Mo 12–21, Di–Sa 9–21, So 9 bis 12 Uhr*

Museo del Ron
Was Sie schon immer über die Herstellung von Rum wissen wollten, das zeigt dieses Museum. Eine Kellerbar lädt zum Verkosten und ein Shop zum Einkauf ein. *Calle Bartolomé Masó 358, tgl. 9–21 Uhr*

Museo 26 de Julio
Die Kaserne war vor der Revolution das zweitgrößte militärische Quartier des Diktators Fulgencio Batista. Einschusslöcher erinnern an den misslungenen Anschlag vom 26. Juli 1953 unter Führung von Fidel Castro. Heute sind in dem Gebäude eine Schule und ein *Revolutionsmuseum (Di–Sa 9–20 Uhr)* untergebracht.

ESSEN & TRINKEN

Casa de Don Antonio
Schöner Blick auf Santiago de Cubas Plaza Dolores. Das kreolische Restaurant ist untergebracht in einer rekonstruierten Casa der Marqueses de las Candelarias. *Aguilera 5 (zw. Calvario/Reloj), tgl. 12–23 Uhr, Tel. 022/65 22 05, €–€€*

El Cayo
Von dem halb im Wasser auf Pfählen errichteten Fischrestaurant auf der Insel Granma eröffnet sich ein großartiger Blick auf Hafen, Stadt und Bucht. *Tgl. 11–21 Uhr, Tel. 022/69 01 09, €*

Wem das staatliche Fischrestaurant missfällt: Es gibt auf der Insel auch Paladare. Fähren pendeln *5.30–23.40 Uhr* zwischen Punta Gorda und Granma. Die Schiffe an der neuen Touristenmole legen nur für zahlende Gruppen ab.

La Cocinita Doña Yulla
Pollo en salsa criolla – Huhn in kreolischer Sauce: Die Gerichte sind einfach, aber schmecken. Hier treffen sich viele Kubaner. *Heredia/San Felíz, kein Tel., tgl. 12–23 Uhr, ab und zu auch Livemusik,* €

El Morro
Schöner Blick aufs Meer. Spezialität sind Gerichte der kreolischen Küche, z. B. *rollito de tasajo* (mit Fleisch gefüllter Pfannkuchen). *Castillo del Morro, Tel. 022/69 15 76, tgl. 12–21 Uhr,* €–€€

Salón 1900
Marmor, Jugendstilleuchter und Porzellannippes schaffen eine festliche Atmosphäre. Besonders gut ist die *sopa de mariscos* (Meeresfrüchtesuppe). *San Basílico/San Félix, Tel. 022/62 35 07, tgl. 7–10 und 12–24 Uhr,* €€–€€€

EINKAUFEN

Art Center Los Mamoncillas
Unscheinbare Künstlerkolonie: Alle Künstler arbeiten vor Ort, zeigen und verkaufen ihre Werke gern. Einfach klopfen! *Ctra. Baconoa (gegenüber vom Automuseum)*

Bazaar
Afrokubanische Skulpturen, originelle Freizeitkleidung, Aquarelle kubanischer Künstler, Bücher, Postkarten und tausenderlei interessante und dekorative Dinge mehr. *Calle 8 Nr. 301 (zw. Calle 11/Calle 13), Vista Alegre, tgl. 9–17/18 Uhr*

Casa del Habano
Große Auswahl für den Zigarrenfreak. Der Laden gehört zur hiesi-

Prachtvoller Oldtimer vor dem Restaurant El Morro

gen Tabakfabrik. *Ave. Jesús Menéndez 703, tgl. 9–18 Uhr, Besichtigung der Fabrik 5 US $*

Insider Tipp **La Maison**
Im Modehaus Kubas präsentieren die hübschesten Mädchen von Santiago kreative kubanische Mode. Im Laden allerdings sucht man die gezeigten Kreationen vergeblich, dafür gibt's Schmuck, Souvenirs und Freizeitkleidung. Tischreservierung für die abendlichen Modenschauen im Gartenrestaurant empfehlenswert, Karten (40 US $) gibt's an der Abendkasse. *Ave. Manduley 52, Vista Alegre, Tel. 022/64 11 17*

ÜBERNACHTEN

Las Américas
Das renovierte Hotel liegt dem großen Hotel Santiago de Cuba gegenüber. Vorteil: Man kann dessen Läden nutzen und dort auch telefonieren. *68 Zi., Ave. Las Américas, Tel. 022/64 20 11, Fax 68 70 75, €–€€*

Bucanero
Auch Tagesgäste (15 US $) sind in diesem Beachhotel 25 km vor der Stadt willkommen. Drei Restaurants, drei Bars, Pool, Privatstrand und ein großes Freizeitangebot. *200 Zi. mit Klimaanlage, Ctra. Baconao, Arroyo La Costa, Tel. 022/68 63 63, Fax 68 60 70, €€–€€€*

Insider Tipp **Casa Grande**
Prachtvoll restauriertes ehemaliges Grandhotel. Von der Terrasse kann man den ganzen Parque Céspedes überblicken, die Casa de la Trova liegt gleicht um die Ecke. *58 Zi., 3 Suiten, Parque Céspedes, Tel. 022/68 66 00, Fax 68 60 35, director@casagran.gca.cma.net, €€*

Casa Particular
Das Haus der Doctora Zayola Moraleza und ihrer Tochter liegt ruhig, aber nahe zum Parque Céspedes. Großer luftiger Aufenthaltsraum. 3 Zimmer mit Klimaanlage, davon 2 mit gemeinsamem Bad. *Calle Pedro 265 (zw. Habana/Maceo), Tel. 0226/221 90, €*

Club Amigo Carisol-Los Corales
Preisgünstiges All-Inclusive-Hotel am Strand von Baconao. *310 Zi., Ctra. Baconao, km 54, Tel. 022/35 61 15, Fax 35 61 16, €€*

Meliá Santiago de Cuba
Das Stadthotel. Tennisplätze, Fitnessraum und ein Pool mit Jacuzzi gehören zu den Annehmlichkeiten des Glas-, Stahl- und Betonbaues. In der *Disco Havana Club* heizen auch Pop und Rock die internationale Atmosphäre ein. *308 Zi., Ave. Las Américas/Calle M, Tel. 022/68 70 70, Fax 68 71 70, www.solmeliacuba, €€€*

Villa San Juan
Wer es ruhig und grün liebt, ist hier richtig: Das 112-Zimmer-Hotel liegt stadtnah auf einem Hügel, eingebettet in einen blühenden Garten mit Pool. *Ave. Raúl Pujol (beim Zoo), Tel. 022/88 72 00, Fax 68 61 37, €€*

AM ABEND

Cabaret Tropicana
Wie die Stadt, so ist auch die berühmte Revue hier lockerer als die von Havanna. Wem das Blut kocht, der kann danach gleich in der benachbarten Disko abtanzen. *Autopista km 1, Tel. 022/64 10 31, Eintritt 30 US $*

Casa de la Trova
★ Mit dem Buena-Vista-Social-Club-Fieber sind für die einst so selbstvergessene alte Musikkneipe goldene Zeiten angebrochen. Die begnadeten Son- und Trova-Musiker finden hier jetzt stets ihr dankbares internationales Publikum, Abnehmer für handsignierte CDs und oft sogar Zeit für ein völkerverbindendes Tänzchen. *Heredia, tgl. ab 20.30 Uhr, Eintritt 2 US $*

Patio de los Abuelos
Fast allabendlich im Innenhof Livemusik und Tanz in familiärer Runde. *Calle F. Pérez Carbó 5 (zw. Escario/Ave. Garzón, Plaza de Marte), tgl. 21.30–2 Uhr*

La Taberna de Dolores
Offenes Bodegón mit schönem Holztresen. Die Treppe nebenan führt zu einem populären Restaurant im Innenhof. *Parque Dolores, Tel. 0226/62 39 13, 24 Std. geöffnet*

ZIELE IN DER UMGEBUNG

Bayamo **[125 D4]**
Die Hauptstadt (105 000 Ew.) der nach der Yacht »Granma« benannten Provinz, mit der Fidel Castro und seine Mitstreiter 1956 hier landeten, liegt knapp 100 km westlich von Santiago de Cuba. Bayamo eignet sich nicht nur gut als Stützpunkt für Ausflüge an die Westküste oder in den Nationalpark Sierra Maestra, auch die Stadt ist historisch interessant. An der Plaza de la Revolución, dem Hauptplatz, ist das Geburtshaus von Carlos Manuel Céspedes (1819–74) zu sehen, der in Bayamo die erste Unabhängigkeitserklärung abgab. Als die Spanier anrückten, zündeten die Bewohner Bayamos ihre Stadt an, um sie nicht den Spaniern überlassen zu müssen. Die Geschichte ist u. a. in seinem Geburtshaus dokumentiert *(Di–Fr 9–17, Sa 9–14, 20–22, So 10–14 Uhr, Eintritt 1 US $)*.

An der Plaza de la Revolución finden Sie auch Restaurants und das gut geführte Islazul-Hotel *Royalton (33 Zi., Tel. 023/42 22 90, Fax 42 47 92, €)*. Wer Tipps für Ausflüge haben will, sollte sich in der Nähe bei Ronal René Rosales Martínez in der Casa Blanca *(Francisco Aguilera 163, zw. Pio Rosado/A Castillo, Tel. 023/42 36 59, €)* einquartieren. Er ist ein hervorragender Kenner der Region und erklärt auch gern den besten Weg zur *Comandancia del Ejército Rebelde* (Insider Tipp) in La Plata (nur mit Geländewagen), dem ehemaligen Schlupfwinkel der Revolutionäre in der Sierra Maestra. 5 Hütten stehen dort versteckt unter einem Walddach, darunter die von Fidel und Che, die Küche, das Pressezentrum; sogar eine *casa tribunal* (Kriegsgericht) gab es. Den Ausflug kann man auch bequem mit dem deutschen Spezialveranstalter *avenTOURa* unternehmen, inklusive Unterkunft im *Hotel Villa Santo Domingo (20 Zi., Ctra. La Plata, km 16, Santo Domingo, Tel. 023/59 53 02, €)* und Exkursion auf den 1974 m hohen *Pico Turquino* (33 US $).

El Cobre **[125 F5]**
Der kleine Wallfahrtsort, der zugleich Zentrum des Kupferabbau ist, liegt etwa 20 Fahrminuten von Santiago de Cuba entfernt hinter Melgarejo in den Bergen. Schon von weitem ist die den Hügel krönende Basilika von 1927 zu sehen. In ihrem Inneren thront über dem Altar die Schutzpatronin Kubas, die

Virgen de la Claridad. Vom Parkplatz aus blickt man auf die Abraumhalden der Kupferminen.

Guantánamo **[126 C4]**

Die Stadt (150 000 Ew.), die durch das Lied »Guantanamera« in aller Welt berühmt wurde, ist von Santiago de Cuba in gut einer Stunde mit dem Auto zu erreichen. Großstädtischer als Santiago, bietet sie wenig Sehenswertes – abgesehen von dem faszinierenden Blick vom Restaurant *Mirador de Malones (Ctra. de Boquerón, Caimanera, Tel. 021/ 413 86, €€)* auf den Flottenstützpunkt der USA, der hier ein abgeschirmtes Dasein führt und durch die umstrittene Inhaftierung mutmaßlicher Taliban-Kämpfer in die Schlagzeilen der Weltpresse geriet.

Pilón/Playa Marea del Portillo **[125 F5]**

Die Küstenstraße westlich von Santiago de Cuba gehört zu den landschaftlich schönsten Strecken auf Kuba. Sie führt – immer entlang einer von Buchten gesäumten, kaum besiedelten Steilküste – nach Pilón, wo sich auf einem Felsvorsprung mit herrlichem Blick auf die Bucht der Playa Marea del Portillo das All-Inclusive-Ferienresort *Club Amigo Marea del Portillo* erhebt *(270 Zi., Terrassenpool, Tauchzentrum, Ctra. Granma, km 12,5, Tel. 023/ 59 70 81, Fax 59 70 80, desk@hf arvar.grm.cyt.cu, €€)*. Preisgünstiger ist die nur 4 km entfernte, auch sehr schöne kleine *Villa turística Punta de Piedra (13 Zi., Tel. 023/ 59 44 21, €)*. Westlich von Pilón beginnt der *Parque Nacional Desembarco del Granma* (Nationalpark Landung der Granma). Wegen seiner hohen Zahl endemischer Pflanzen und Tiere erklärte ihn die Unesco 1999 zur Welterbestätte. Er reicht bis zur Playa Las Coloradas, an der die »Granma« 1956 landete. Wer sie sehen will, muss von Pilón über Niquero (59 km) an die Westküste fahren. Hoteltipp: *Hotel Niquero (26 Zi., Calle Martí, Tel. 023/ 59 24 98, €)*.

Eindrucksvoller Blickfang in den Bergen: die Basilika von El Cobre

Insel-Highlights selbst erfahren

Die Touren sind in der Karte auf dem hinteren Umschlag und im Reiseatlas ab Seite 110 grün markiert

1 DER GRÜNE WESTEN: ORCHIDEEN, HÖHLEN, FRUCHTBARE ERDE

Von Havanna aus führt die hin und zurück rund 400 km lange Tour in den geologisch ältesten Teil der Insel: zu den Wassern der dicht bewaldeten Sierra del Rosario, in die Tabakstadt Pinar del Río und ihr fruchtbares Hinterland mit dem herrlichen Valle de Viñales und seinen urtümlichen Mogotes. Dort lohnen vor der Rückfahrt (mindestens) zwei Übernachtungen.

Sie verlassen *Havanna (S. 29)* über die Avenida 5 (Miramar), die Calle 17 a (erste links nach der Abfahrt zum Centro de los Convenciones) und die Calle 23 (erster Kreisverkehr rechts) und kommen so direkt auf die Autobahn *(autopista)* nach Pinar del Río. Nach rund 80 km haben Sie die Abfahrt nach *Soroa (S. 48)* erreicht (Tankstelle), das mit seinem Orchideengarten, dem Wasserfall und dem Hotel Soroa nur wenige Autominuten von der Autobahn entfernt im Hang der dicht bewaldeten Sierra del Rosario liegt. Ein paar Kilometer weiter finden Sie den malerischen Bergsee und das gute Hotel Moka von Las Terrazas *(S. 48)*.

Fahren Sie danach wieder zurück auf die Autobahn und weiter nach *Pinar del Río (S. 45)*. Prominent im Zentrum wohnen Sie bei Señora Laura González Valdés im *Martí 51 (S. 47)*. Sie können sich die Besichtigung der Stadt natürlich auch für den Rückweg aufheben. Dann fahren Sie gleich weiter ins nur 53 km entfernte *Valle de Viñales (S. 48)*. Dort kommen Sie sehr schön – mit Blick auf die Mogotes genannten Kalkberge bei Oreste und Catalina – in der *Villa la Rueda* (Insider Tipp) unter *(Carretera Mural P. Historia Nr. 214, Tel. der Nachbarn 08/ 233 20, €)*. Die Familie (man spricht auch Englisch) besitzt eine etwa 3 ha große Finca, wo sie gern Fragen zum Tabak- und Kaffeeanbau beantwortet. Wer baden will, sollte sich einen Tag für die *Cayo Jutías (S. 50)* bei Santa Lucía (40 km nordwestlich von Viñales) reservieren, bevor es wieder zurückgeht.

Im Valle de Viñales sorgt die urtümliche Landschaft für eine ganz besondere Atmosphäre

2 DURCH DIE MITTE: VOM SCHÖNSTEN STRAND ZUR SCHÖNSTEN STADT

Mindestens drei Tage sollten Sie für diese Tour einplanen und auf Spanisch nach dem Weg fragen können, denn das erste Stück von Varadero zur Autopista ist schlecht ausgeschildert. Dafür erwarten sie weite Plantagen, Krokodile, eine Unesco-Welterbestätte, kühle Gebirgstäler und die Gedenkstätte für Che Guevara in Santa Clara. Die erste Etappe ist etwa 300 km lang und führt – mit einem kurzen Abstecher nach La Boca (Mückenschutz nicht vergessen!) – über Cienfuegos in den tiefen Süden nach Trinidad an der Karibikküste. Zurück geht es dann durch die Sierra de Escambray über Sancti Spíritus und Santa Clara (zweite Etappe rund 400 km).

Verlassen Sie Varadero möglichst früh am Morgen in Richtung *Cárdenas (S. 54)*, das Sie, immer dem Schwerlastverkehr hinterher, durchfahren. Folgen Sie danach der Abzweigung nach San Joaquín, Carlos Rojas und Jovellanos. Diese Landstraße bringt Sie durch Zuckerrohr- und Zitrusfruchtplantagen zur Autopista, die Sie wie eine normale Straße überqueren müssen, um auf die andere Fahrbahnseite zu gelangen. Die Abzweigung nach *La Boca* und zur *Laguna del Tesoro (S. 55)* ist ausgeschildert. Bis 12 Uhr mittags starten die rund halbstündigen Schiffsausflüge zum nachgebildeten Indianerdorf *Guamá*. Danach bleibt noch Zeit für eine Besichtigung der Krokodilfarm *(für beides siehe »Mit Kindern reisen«, S. 94)* und ein Mittagessen, bevor es zurück zur Autopista und dort weiter in Richtung Osten bis zur ausgeschilderten Abfahrt nach Cienfuegos geht. Für diesen Abschnitt benötigen Sie etwa anderthalb Stunden.

Cienfuegos (S. 62) ist eine äußerst sehens- und lebenswerte Hafenstadt, in der sich eine Übernachtung lohnt. Am nächsten Tag fahren Sie dann – immer die Küste entlang – ins rund 70 km entfernte Unesco-Weltkulturgut *Trinidad (S. 65)*. In der pittoresken kolonialen Altstadt fühlt man sich um 500 Jahre zurückversetzt. Wer auf Strand und Baden im Meer nicht verzichten will, quartiert sich im erstklassigen Hostal *Sol y Mar* an der Playa La Boca bei Joaquín Pomés Figuero ein *(2 Zi. mit Klimaanlage, Ave. del Mar 87, €)*. Insider Tipp

Für die Rückfahrt nach Varadero – mit obligatorischem Zwischenstopp bei der Gedenkstätte für Che Guevara in *Santa Clara* – am nächsten Morgen sollten Sie dann wiederum relativ früh aufbrechen, weil insgesamt rund vier Stunden reine Fahrzeit vor Ihnen liegen. Es gibt von Trinidad aus zwei Strecken nach Santa Clara: Eine führt beim Abzweig nach Topes de Collantes quer durch das Escambray-Gebirge. Sie bietet herrliche Panoramablicke über tiefe Täler – aber die Abzweigung nach Santa Clara hinter Topes de Collantes ist leicht zu verfehlen und die Straße danach ziemlich schlecht. Bequemer ist deshalb die Fahrt über *Sancti Spíritus (S. 67)* und dann über die Autopista zurück bis Santa Clara. Zum *Museo Memorial Ernesto Che Guevara* in *Santa Clara (S. 67)* führt ein 1 km langer Autobahnzubringer (bei der Servi-Tankstelle rechts).

3 ZU DEN CAYOS UND PLAYAS IM NORDEN

Diese rund 300 km lange Route ist für Neugierige gedacht, die auch einmal in die benachbarten Ferienparadiese hineinschnuppern wollen. Wenn Sie auf Cayo Coco oder auf Cayo Guillermo wohnen, besuchen Sie Playa Santa Lucía – oder eben umgekehrt.

Nehmen wir einmal an, Sie machen Urlaub in *Playa Santa Lucía (S. 64)* im östlichen Teil von Kubas Nordküste. Reservieren Sie sich zunächst für die folgenden zwei Nächte bei María eine Cabaña mit urigem Palmdach und Bad im Sitio La Güira auf Cayo Coco *(Tel. 033/ 30 12 08, €)*, damit Sie am Ziel nicht ohne Unterkunft sind. Und vergessen Sie Ihren Pass nicht! Sie brauchen ihn für die Überfahrt nach Cayo Coco. Um dann von Playa Santa Lucía nach Cayo Coco oder nach Cayo Guillermo zu gelangen, verlassen Sie den Ferienort über die einzige Ausfahrtsstraße, die Richtung Südwesten nach Camagüey führt. Sie kommen erst durch die grüne Ebene der Flüsse Rosalia, Molina und Najarro, bevor das Land bei Santa Isabel sanft ansteigt. Nach rund 80 km haben Sie schon *Camagüey (S. 60)*, die charmante Hauptstadt der Provinz, erreicht. An der von schönen Kolonialbauten gesäumten Plaza San Juan de Dios laden zwei sehr nette Patio-Restaurants zur Einkehr ein. Stärken Sie sich hier für die etwa einstündige Fahrt nach *Ciego de Ávila.* Das beschauliche Zentrum der Viehwirtschaft bietet aber keine großen Sehenswürdigkeiten. Verlassen Sie es Richtung Atlantik, um sehr bald in den Genuss der schönen, weiten Weidelandschaft des Küstenvorlandes zu kommen. Nach etwa einer halben Fahrstunde schon haben Sie *Morón (S. 60)* erreicht, die letzte größere Siedlung

Insider Tipp

Blaugrün schimmert das glasklare Wasser von Playa Santa Lucia

vor den Cayos im Norden. Kurz nach dem Kreisverkehr geht es rechts ab nach Cayo Coco. Nach höchstens zwanzig Minuten Fahrt ist die Schranke zum Pedraplén, dem 17 km langen Damm nach *Cayo Coco (S. 58)*, schnell erreicht. Hier müssen Sie sich mit Ihrem Reisepass als Tourist ausweisen und 2 US $ Maut pro Person zahlen (bei der Rückkehr ebenfalls).

Während der Fahrt über den Damm werden Sie ganz dicht an Schwärmen von rosa Flamingos vorbeifahren. Beim hübsch mit Palmblättern gedeckten Informationsstand können Sie sich eine Karte mit dem Lageplan der Hotels auf den Inseln kaufen, um Ihr Quartier und die frei zugänglichen Strände leichter zu finden. Der schönste liegt ganz am Ende der Cayo Guillermo, die ebenfalls durch einen befahrbaren Damm mit Cayo Coco verbunden ist: die *Playa Pilar* (mit Restaurant). Abgesehen von dem traumhaft klaren Wasser und dem puderfeinen, weißen Sandstrand locken hier der Ausflug mit dem Katamaran zur vorgelagerten Insel *Media Luna* (5 US $) sowie ein Tauchtripp zum Korallenriff (noch einmal 3 US $ zusätzlich); ein Liegestuhl am Strand kostet 1 US $ pro Tag.

Insider Tipp

Für die gleiche Tour in umgekehrter Richtung – wenn Sie also Ihren Urlaubsstandort auf Cayo Coco gebucht haben – reservieren Sie sich in *Playa Santa Lucía* am besten ein Zimmer im erschwinglichen Hotel *Club Amigo Mayanabo (Playa, Tel. 032/36 51 68, -70, Fax 36 51 76, €–€€)*. Folgen Sie dann der oben gegebenen Wegbeschreibung in umgekehrter Reihenfolge.

4 DEN ANFÄNGEN AUF DER SPUR. RUNDREISE AB GUARDALAVACA

Die rund 450 km lange Strecke mit Übernachtungen in Santiago de Cuba und Baracoa führt Sie über Bayamo, Moa und die Bahía de Nipe zurück zum Ausgangspunkt Guardalavaca. Es ist eine Tour zu den Anfängen der Revolution und der spanischen Kolonialisierung, vor allem aber landschaftlich die Krönung eines Kuba-Urlaubs.

Das sehenswerte *Holguín (S. 73)* liegt Guardalavaca *(S. 71)* so nah, dass Sie es besser während eines Tagesausflugs besuchen als während dieser Tour. Fahren Sie deshalb zügig durch die Stadt auf der Umgehungsstraße Richtung Santiago de Cuba, die Sie dann 71 km durch die Ebene am Rand der Sierra Maestra, südwestlich über Ausläufer der Sierra, hinunter nach *Bayamo (S. 80)* führt. Westlich der Hauptstadt der Provinz Granma breitet sich die Flussebene des Río Cauto bis zur Bucht von Guacanayabo aus. Nahe Niquero landeten Fidel Castro, Che Guevara und die anderen Revolutionäre 1956 mit der Yacht *Granma* nach ihrer Überfahrt von Mexiko.

Eine schöne Routenvariation (rund 300 km) führt über Manzanillo nach *Pilón (S. 81)* an die Südküste der Provinz Granma. Dort können Sie günstig und gut in der *Villa turística Punta Piedra* übernachten und dann die wild-romantische Kliffküste bis Santiago de Cuba weiterfahren. Überlegen Sie es sich in Ruhe, z. B. während Sie bei Valia López Sánchez in der *casa*

Baracoa, beschauliches Kolonialstädtchen in den Bergen

particular Buena Vista übernachten und sich mit einer leckeren *potaje* verwöhnen lassen *(Francisco Vicente Aguilera Nr. 106, zw. Martí/M. Corona, Tel. 023/42 36 59, €)*.

Wer dann immer noch lieber den kürzeren Weg nach Santiago de Cuba wählt, verlässt Bayamo Richtung Jiguaní und Contramaestra. Achten Sie danach auf Schilder mit der Aufschrift »Autopista«, um die Zufahrt zur Autobahn nach *Santiago de Cuba (S. 74)* nicht zu verpassen. In der Stadt gibt es viele Privatquartiere. Angenehm ist die relativ zentral gelegene (10 Min. zum Parque Céspedes) *Casa particular* der Doctora Zayola Moraleza *(S. 79)*. Santiago de Cuba lohnt unbedingt einen längeren Aufenthalt.

Für die Fahrt nach Baracoa müssen Sie etwa fünf Stunden rechnen: Nach einem Stück über die Hügeldörfer *El Cristo, Alto Songo* und *La Maya* geht es auf die Autobahn zur US-Marine-Basis *Guantánamo (S. 81)*. Danach führt die Straße wieder direkt an die Küste der Karibik, und schließlich biegt sie ab zur Farola, der kurvenreichen Passstraße durch die Berge nach *Baracoa (S. 70)*. Wahrscheinlich verlieben auch Sie sich gleich in den familiären kleinen Ort, der einst die erste Kolonialstadt Kubas war. Viele preiswerte Privatquartiere laden zum längeren Aufenthalt ein.

Die Fahrt nach *Moa* gehört zu den landschaftlich attraktivsten Strecken Kubas – leider sind etwa 70 km Schotterstraße, so dass man, um den Wagen zu schonen, nur etwa 40 km/h fahren kann. Traumhafte Buchten, Flussmündungen und die Stille der Landschaft entschädigen dafür. Das Stück kann in zwei Stunden gefahren werden. Ab Moa ist die Straße wieder sehr gut, und Sie kommen schnell durch eine Landschaft grüner Kegelberge längs der Bahía de Nipe nach Guardalavaca zurück. Vorschlag für einen Abstecher: hinter Guaro ins Landesinnere zur *Finca Birán (S. 73)*.

1851
HOBIE CAT
1853
HOBIE CAT
1852

Von Angeln bis Windsurfen

Wassersportler und andere Naturfreunde erwartet das pure Paradies in Badeorten, Gebirgen und zwischen 1001 Inseln

Kuba hat sich perfekt auf die sportlichen Bedürfnisse seiner Gäste eingestellt. Die Küsten säumen gut ausgerüstete Yachthäfen, von denen auch Katamarane und Motorboote zu Angel-, Vergnügungs- und Ausflugsfahrten starten. Die Nationalparks sind von *senderos* (Wanderwegen) durchzogen. Staatliche Reiseagenturen bieten Exkursionen zu Fuß, zu Pferd oder mit dem Fahrrad an, in den Nationalparks auch Trekking und Birdwatching. Golfer schätzen den 18-Loch-Platz von Varadero. Und Tennisspieler können sich auf den vielen Plätzen der Hotels austoben. Vor allem aber wartet Kuba mit phantastischen Tauchgründen auf. Übrigens: Wer einen reinen Aktivurlaub plant, kann Zeit und Geld sparen, wenn er ihn schon bei einem Spezialisten in Deutschland bucht *(siehe S. 101)*.

ANGELN

Hemingway hatte gute Gründe für seine Kuba-Leidenschaft: der Fischreichtum in der Florida-Straße ist legendär. Die beste Zeit: Mai bis Dezember. Ausflüge dauern 4 oder 7 Stunden und kosten 210 bis 345 US $ (Buchung in den Yachthäfen). Süßwasserangler treffen sich – außer zur Schonzeit im Juni – an der Laguna de Leche bei Morón, am Zaza- oder Hanabanilla-Stausee. Die Lizenz kostet 20 US $. Buchungen in den Rumbos-Reisebüros.

Zu den beliebtesten Sportbooten an Kubas Stränden gehören die schnellen Hobiecats

BIRDWATCHING

Passionierte Vogelbeobachter erwarten 300 Zugvögel und 25 einheimische Vogelarten, darunter viele bunte Winzlinge. Die besten Pirschreviere sind die Nationalparks La Güira, Ciénaga de Zapata, Sierra Maestra, außerdem Cayo Coco und Topes de Collantes (Buchungen in den Hotels oder bei lokalen Reisebüros, z. B. bei Rumbos oder Gaviota). Eine gute Website für Vogelbeobachter: *www.camacdonald.com/birding/carcuba.htm*.

FAHRRAD FAHREN

In Kuba, wo der Drahtesel meist noch das private Auto ersetzen muss, radeln Sie immer in Gesellschaft – Radtouren machen schon deshalb doppelt Spaß. Längere bucht man am besten bereits zu Hause, z. B. den Klassiker, eine zweiwöchige Tour über die halbe Insel; sie führt von Havanna nach Santa Clara, Trinidad, Cienfuegos, Las Terrazas, Viñales und zurück *(avenTOURa, siehe S. 101)*.

FALLSCHIRM SPRINGEN

Tandemsprünge mit einem erfahrenen Lehrer sind in Varadero möglich: *Carretera Vía Blanca, km 0,5, Tel. 045/66 72 56, Fax 66 72 60.*

GOLF

Sehr schön gelegen ist der 18-Loch-Golfplatz von Varadero *(Varadero Golf Club, Ave. Las Américas, Tel. 045/66 72 56)*. Außerdem gibt es einen 9-Loch-Golfplatz in Havanna *(Habana Golf Club, Ctra. de Vento, km 8, Reparto Capdevila, Ave. Rancho Boyeros, Tel. 07/44 48 26 und 44 82 27)*. Spielmöglichkeiten arrangieren die großen Hotels.

REITEN

Anspruchsvolle Reiter finden im *Centro Ecuestro* von Havanna gute Pferde und einen großen Springparcours. Zum Komplex gehören Restaurants und 7 Zimmer mit Klimaanlage und TV *(Parque Lenín, Tel. 07/44 28 10, Hotel €)*. Unterricht 12 US $ pro Stunde. In vielen Hotels werden außerdem Reitausflüge in die Umgebung angeboten.

Ausritt im Valle de los Ingenios, dem Tal der Zuckermühlen

SEGELN

Segler, die weniger als 72 Stunden in einem kubanischen Hafen anlegen, benötigen kein Visum. 24 Stunden erreichbar sind die Puertosol-Yachthäfen in Varadero, Cayo Coco-Guillermo, La Gorda, Cayo Largo und Cienfuegos. Viele Marinas fungieren auch als Wassersportzentren (Angelfahrten, Jetski, Katamaranausflüge, Surfen, Segeln mit Brett- und Bootsverleih). Wer sich die »Korallengärten des Königs« länger ansehen will, kann sich im Yachthafen von Cayo Coco im Hotelschiff »Tortuga« (Insider Tipp) einmieten. Infos in den Hotels, bei den Yachthäfen oder den Tauchschulen.

TANZEN

Wer auf eigene Faust unterwegs ist und kubanisch Son, Cha-Cha-Cha oder Salsa tanzen lernen will, wende sich an die Agentur *DARTE (Division ARTex S. A., Calle 17 Nr. 18401, zw. 184/190, Siboney, Playa, Havanna 16, Tel. 07/33 03 50, Fax 33 00 20, aat@artex cm.colombus.cu.* Auch Bewegungen, Riten und Gesänge des kubanischen Santería werden angeboten. Ein zehntägiger Tanzlehrgang kostet 150 US $. Gute Kurse in lockerer Atmosphäre bietet auch die 1999 gegründete *Academia Salsa Alegre* direkt am Malecón von Havanna (im Angebot von *avenTOURa*). Spezialist für Tanzreisen nach Kuba in Deutschland ist *Danza y Movimiento* *(siehe S. 101)*.

TAUCHEN

★ Hier eine Übersicht über die besten Tauchgebiete:

Cayo Largo: Höhlen, Grotten und Drop-offs mit fast 600 Korallen- und Hunderten von Schwammarten. Deutsche Tauchschule auf der vorgelagerten Playa Sirena.

Faro Luna/Cienfuegos: Highlight sind die vielen Canyons in unmittelbarer Nähe der Tauchbasis.

Guardalavaca: Tauchen zwischen 5 und 40 m nahe des Bahamas-Kanals. Höhlen und Grotten, kleine Korallentäler.

Isla de la Juventud: Das Tauchgebiet mit den meisten Tauchspots auf Kuba (insgesamt 56) liegt 13–20 Meilen vom Hotel Colony entfernt. Das Gebiet steht seit 1980 unter Naturschutz.

Jardines del Rey: Korallengärten mit Weich- und Steinkorallen, Grotten, Höhlen, Canyons, Spalten und zahlreiche Wracks, alles in superklarem Wasser (Sichtweiten um 40 m) mit ungewöhnlich vielen Fischen (auch Walhaie) – ein Paradies für Rifftaucher.

Marea del Portillo: Tauch- und Schnorchelgebiet mit 16 Spots, darunter ganze Wälder der seltenen schwarzen Koralle.

María La Gorda: Die küstennahen Tauchplätze (15–30 Bootsminuten) liegen am Außenriff, das bis auf 2500 m Tiefe abfällt. Wegen der schwachen Strömungen auch ein gutes Revier für Anfänger. Sichtweiten oft über 40 m!

Playa Santa Lucía: Zwischen November und Mai sind hier besonders viele Fische zu sehen, dafür ist die See in der restlichen Zeit weniger stürmisch. Attraktion ist die Fütterung von Haien (Bullsharks). Insider Tipp

Santiago de Cuba: Über 23 Tauchspots mit herrlichen Tunneln, Steilwänden und Korallenbergen.

Varadero: Korallenriffe, Höhlen und Wracks – insgesamt erwarten Sie 30 Tauchspots.

Preise: Schnupperkurs um 60 US $, kompletter Tauchkurs (eine Woche) zwischen 310 und 365 US $.

TREKKING

Einmal über den Pico Turquino oder durch den Humboldt-Nationalpark, durch die Wälder um Topes de Collantes oder von Las Terrazas streifen. Allein sollte man sich allerdings nicht auf die Socken machen, in den Nationalparks muss sogar ein Führer dabei sein (über die örtlichen Agenturen). Wer auf eine deutschsprachige Reiseleitung nicht verzichten will, sollte bei einem Spezialveranstalter *(S. 101)* vorab buchen.

WINDSURFEN

Gute bis sehr gute Windbedingungen bieten Guardalavaca, Playa Santa Lucía und Varadero (durchschnittlich zwischen 2 und 6 Beaufort). Leihmaterial und Grundkurse in allen All-Inclusive-Hotels mit großem Sportprogramm.

Spaß haben und spielerisch lernen

Kuba weiß, was Kinder lieben: Löwen vor dem Autofenster, Indianer, Dinos, Krokodile, Höhlenabenteuer – und immer wieder »Flipper«

Mit Stolz vermeldet Kuba auf großen Tafeln: »200 Millionen Kinder schlafen heute auf der Straße. Keines davon ist Kubaner.« Ein Satz, der – bei aller Propaganda – schon klar macht: Gleich welcher Herkunft und Hautfarbe, hier kümmert man sich um alle Kinder. Und wer Lateinamerika ein wenig kennt, der weiß, dass Kuba in diesem Punkt das fortschrittlichste Land dieses Halbkontinents ist.

Sie werden also mit Ihrer Familie einer Ernsthaftigkeit im Umgang mit Kindern begegnen, die weit über die sentimentale Liebe hinausgeht. Bei fast allen Freizeitangeboten ist auch immer ein bisschen Pädagogik im Spiel. Für Europäer nichts Ungewohntes. Fühlen Sie sich also wie zu Hause. Nur in einem unterscheidet sich Kuba enorm, und das werden auch Ihre Kleinen im Umgang mit kubanischen Kids schnell merken: Hier muss noch die Phantasie den Mangel an Spielzeug beheben. Nicht die schlechteste Erfahrung. Vielleicht heilt sie ein wenig vom heimatlichen Konsumtrip.

Kubanische Jungs: Hüte auf Zuwachs und den Schalk im Nacken

HAVANNA

Aquarium

Urzeitfans aufgepasst: Gleich beim Eingang dieses geheimnisvoll beleuchteten Süßwasseraquariums ist ein Manjuari-Fisch zu sehen. Seine Art gibt es seit 130 Mio. Jahren! *Calle Teniente Rey (zw. Oficios/Marcaderes), Di–Sa 9–17, So 9–13 Uhr, Eintritt 1 US $, Kinder unter 12 J. frei*

Ceremonia del Cañonazo

Da werden Piratenträume wahr, wenn im Parque Morro-Cabaña mit Kanonen geschossen wird! Die Zeremonie findet tgl. um 20.30 Uhr statt – rechtzeitig einen guten Platz sichern! *Parque Morro-Cabaña, Eintritt 5 US $, Kinder unter 12 J. frei*

Delphinshow

Immer klasse: Flipper in Aktion, lustig schnatternd und die tollsten Sprüngen veranstaltend. *Ave. 3ra/62, Miramar, Di–So 10–17.30 Uhr, Eintritt 5 US $, Kinder 3 US $*

Kinderpark La Maestranza

Klettergerüste, Rutschen, Hängebrücken und Karussells von anno dazumal: Vor allem kleinere Kinder (bis 10 J.) haben hier zusammen mit kubanischen Kindern viel Spaß. Gleich nebenan ein (spanischsprachiges) Kindertheater. *Ave. del Puerto, Mi–Fr 13–21, Sa/So 9.30–21 Uhr, Eintritt 0,20 US $, Kinder 0,10 US $, Theater Sa, So 11, 16, 18 Uhr, Eintritt 5 US $, Kinder 2 US $*

Parque Zoológico
Mit dem Auto durch etwas verwildertes Gelände mit »freien« Tieren von allen Kontinenten: Elefanten, Zebras, Antilopen und Löwen in einer extra gesicherten Schlucht. Weil sich die königlichen Tiere dort fleißig vermehrten, musste den Löwendamen schon die Antibabypille verabreicht werden! *Parque Lenín, Ave. Zoo, Mi–So 9.15–15.15 Uhr, in der Saison auch Di (bis 17 Uhr), Eintritt 3 US $, Kinder 2 US $, Foto- bzw. Videoerlaubnis 2 bzw. 5 US $*

DER WESTEN

La Boca/Guamá **[116 A4]**
Das beeindruckt: Auf der Krokodilfarm in La Boca zeigt der Krokodilbändiger Chacón auf Wunsch gern auch seine vielen Narben an Beinen und Armen *(tgl. 9–16 Uhr, Eintritt 5 US $)*. Und die 32 lebensnah gestalteten Indianerskulpturen von Rita Longa in Guamá sind für Kinder wie geschaffen. *Abfahrten in La Boca um 10 und 12 Uhr, Preis 10 US $ pro Person, Peninsula de Zapata*

Cueva del Indio **[111 E3]**
Höhlenabenteuer: Hier geht's erst zu Fuß 250 m tief in den Berg hinein, dann mit dem Boot weiter und auf der anderen Seite wieder hinaus. *Valle de Viñales (ausgeschildert), tgl. 9–18 Uhr, Eintritt 3 US $, Kinder unter 10 J. frei*

Cuevas de Bellamar **[113 E2]**
Für abenteuerlustige Mädchen und Jungen aufregender als die übliche Führung: die *Tour de la Esponja.* Insider Tipp Ziel: unbeleuchtete Höhlenteile. Licht spendet wie bei richtigen Höhlenforschern eine Lampe am Kopfband, die der Führer zu Beginn verteilt. *Ctra. a la Cuevas, Matan-*

Auf der Krokodilfarm in La Boca führt Chacón seine Schützlinge vor

zas, Tel. 045/25 35 38, tgl. 9–17 Uhr, Tour de la Esponja 8 US $, Kinder bis 12 Jahre 6 US $, Foto/Video/Blitz 5 US $

Delfinario **[113 F2]**
Fast so schön wie in Cayo Naranjo (siehe unten): Auch hier kann man mal mit Flipper schwimmen. Aber auch hier kostet der Spaß leider 60 US $ extra (nach Anmeldung). Die Show *(11, 14.30, 16.30 Uhr)* gibt's schon ab 10 US $. *Autopista km 14, Varadero, Tel. 07/66 80 31, tgl. 9 bis 17 Uhr*

Paintball **[113 F2]**
Riesengaudi, die sich auch Erwachsene nicht entgehen lassen sollten: Beim Paintball wird mit Farbbeuteln geschossen und ordentlich gekleckert, eine Maske sorgt dafür, dass nichts ins Auge geht. Nur als organisierter Ausflug, tgl. 4 Abfahrten, Preis 38 US $, buchbar in den Hotels von Varadero oder unter *Tel. 045/61 44 00.*

Schnorcheltauchen **[113 F2]**
Der neue Spaß für die ganze Familie – jetzt auch auf Kuba: Snuba ist ein Zwischending zwischen Tauchen und Schnorcheln und kinderleicht erlernt. Die Ausrüstung stellt der Veranstalter. *Infos in den Hotels oder im Plaza América, Varadero, Tel./Fax 045/66 86 99*

DIE MITTE

Tren de Vapor **[117 D–E6]**
Er ruckelt und zuckelt, dampft und zischt durch das Valle de los Ingenios – eben wie ein richtiger alter Zug. *Ab Cuartel de Dragones, Trinidad, Di, Do, Sa 9–13.30 Uhr, Preis 19 US $, Kinder 14 US $*

Sitio la Güira **[119 D2]**
Die meterlange Santa-María-Schlange ist die Attraktion des kleinen Streichelzoos – nichts für Tierschützer, aber für Kinder. *Cayo Coco, tgl. 8–22 Uhr, Eintritt frei*

DER OSTEN

Aldea Taína **[126 A1]**
Mit Kriegsbemalung, Lendenschurz und Stirnband um die langen schwarzen Haare sehen die »Indianer« ganz schön echt aus, die hier für Gruppen ab 10 Personen ihre Tänze aufführen. Einfach im Hotel fragen, ob schon genug Interessenten da sind. *Ctra. a Banes, tgl. 9–16 Uhr, Eintritt in das Dorf 3 US $*

Cayo Naranjo **[126 A1]**
★ Die beste Delphinshow Kubas. Man kann mit Delphinen schwimmen, am Strand baden, tropische Fische in Aquarien bestaunen, in Restaurants einkehren und in einem Nachbau von Castros elterlicher Finca wohnen. *Insider Tipp* *Ctra. a Guardalavaca, km 54, Bahía de Naranjo, Rafael Freyre, Tel. 024/301 32, tgl. 9–16, Show 12–13 Uhr, Eintritt 12 US $, Kinder 6 US $, Baden mit Delphinen 40 US $, Kinder 19,75 US $*

Valle Prehistórico **[126 B5]**
Kämpfende Mammuts, schleichende Säbelzahntiger, zähnefletschende Tyrannosaurus Rex – Dinofans kommen im prähistorischen Tal nicht aus dem Staunen heraus. Alle 227 aus zementbeschichtetem Eisengeflecht hergestellten Figuren sind lebensgroß in erstarrter Bewegung dargestellt. Man kann mit dem Auto hineinfahren. *Ctra. a Baconao, km 6,5, tgl. 8–17 Uhr, Eintritt 1 US $, Kinder 0,50 US $*

Angesagt!

Was Sie wissen sollten über Trends, die Szene und Kuriositäten auf Kuba

Matinée

Wundern Sie sich nicht, wenn am Sonntagnachmittag ab vier Uhr 11- bis 17-jährige Kids in eine Disko strömen, die sonst erst um 22 Uhr oder später öffnet. Die Veranstaltung nennt sich »Matinée« und wird von fast allen angesagten Diskos im Land den tanzwütigen Jugendlichen angeboten. Und da geht die Post ab!

Hip-Hop & Co

Ibrahim Ferrer und andere Son-Veteranen für die Touristen – die kubanische Jugend reißt anderes vom Hocker: die neuesten Scheiben aus Miami und Puerto Rico, von Salsa bis Rock und Rap. Sie geben Privatfeten die richtige Würze. Heimlich vom PC runterladen, auf CD brennen, und schon ist man der Star. Aber auch mit den *Orishas* oder anderen kubanischen Rapgruppen kann man sich Freunde machen.

Beisbol und Boxen

Beisbol (Baseball) und Boxen, beides Volkssport in Kuba, ist für junge Kubaner immer noch mit dem Traum verbunden, einmal groß rauszukommen – wie Félix Savón oder Teofilo Stevenson. Wer sich nicht zum Boxen berufen fühlt, versucht es eben mit Schlagball und Stock. Klar, für den gibt es kein größeres Geschenk als eine richtige Pitcher-Ausrüstung ...

Ganz in Weiß

Die viel zitierte heimliche Rückkehr zur Vergangenheit hat auch die Bräute des Landes erfasst. Nicht nur, dass wieder fleißig geheiratet wird: Ganz in Weiß muss es sein, am besten im verschwenderischen Traum aus Tüll und Rüschen. Und wie dann der große Auftritt genossen wird: drapiert auf der Kühlerhaube oder im roten Oldtimer-Cabriolet.

Agricultura urbana

Städtische Landwirtschaft? Für die Kubaner durchaus nicht paradox – im Gegenteil. Not macht eben erfinderisch. Wer ein Flachdach über dem Kopf hat, der nutzt es für den Anbau von Kräutern und Gemüse. Erkennungszeichen dieser privaten Etagengärten: Lkw-Reifen, die sich wie ein Zaun aus Gummi um die Häuseroberkanten ranken und die kostbaren Pflanzen vor neugierigen Blicken schützen.

Die Freiheit ...
Finden!

MARCO POLO
Mobile Navigator

Von Anreise bis Zoll

Hier finden Sie kurz gefasst die wichtigsten Adressen und Informationen für Ihre Kuba-Reise

ANREISE

Wer nicht pauschal gebucht hat, kann unter den Flügen zahlreicher internationaler Airlines nach Havanna, Varadero, Holguín und Cayo Coco wählen. Flugtickets bekommt man zurzeit von 660 Euro an (Lastminute) aufwärts.

Urlauber benötigen zur Einreise einen mindestens noch 6 Monate gültigen Pass und eine Touristenkarte (Preis zurzeit: 22 Euro). Individualtouristen erhalten sie unbürokratisch bei einem Kuba-Spezialveranstalter (z. B. in Verbindung mit der Buchung eines Fluges) oder über den Postweg bei der kubanischen Botschaft (zum Scheck frankierten Rückumschlag nicht vergessen!). Für Pauschalreisende ist sie meist im Preis enthalten. Wer zu geschäftlichen Zwecken nach Kuba reist, benötigt ein besonderes Visum. Bei der Ausreise werden 25 US $ fällig, und die Kopie der Touristenkarte muss wieder abgegeben werden.

AUSKUNFT

Kubanisches Fremdenverkehrsbüro
Kaiserstr. 8, 60311 Frankfurt/M., Tel. 069/28 83 22, Fax 29 66 64, www.cubainfo.de

AUTO

Die offiziellen Verkehrsregeln entsprechen weitgehend den unsrigen. Weit verbreitet ist allerdings das Fahren auf der Überholspur, um den zahlreichen Kutschen, Fahrrädern und Spaziergängern auf der rechten Seite der Landstraßen nicht ins Gehege zu kommen.

Die Straßen können bis auf wenige abseitige Routen als gut bezeichnet werden. Auf Landstraßen sind maximal 80 km/h und auf der Autobahn 120 km/h erlaubt. *Punto de Control* heißt Kontrollpunkt – beim Passieren sollte man unbedingt auf die vorgeschriebenen 40 km/h heruntergehen. Beim Parken gilt: Immer gesicherte Plätze *(parqueaderos)* oder einen Aufpasser suchen (und bezahlen), sonst fehlt nachher das Autoradio, ein Schaden, den keine kubanische Versicherung deckt.

Achtung: Bei Unfällen mit Personenschäden muss ein Tourist so lange im Land bleiben, bis die Genesung des Verletzten absehbar ist oder dessen Arzt- oder Krankenhausrechnung beglichen wurde.

Die modernen »Servi«-Stationen sind Tag und Nacht geöffnet. Anfang 2004 kostete der Liter *especial* (Super) 1 US $, der Liter *regular* (Normalbenzin) 0,80 US $.

BUSSE

Die modernen Busse der Gesellschaft *Viazul* verkehren zwischen allen Städten Kubas und sind meist pünktlich. Die Fahrt von Havanna nach Varadero z. B. kostet 10 US $. Preise und Routen sind auf der Website *www.viazul.cu* aufgeführt. Adresse und Busbahnhof in Havanna: *Ave. 26/Zoológico, Tel. 07/ 81 11 08, Fax 66 60 92*

Wer die Stadtbusse nutzen will, sollte kubanische Pesos zur Hand haben. Viele Haltestellen *(paradas)* sind gekennzeichnet.

DIPLOMATISCHE VERTRETUNGEN

Botschaften der Republik Kuba

- *Stavangerstr. 20, 10439 Berlin, Tel. 030/91 61 18 11, Fax 030/ 916 45 53, www.botschaft-kuba.de*
- *Himmelhofgasse 40 A–C, 1130 Wien, Tel. 01/877 81 98, Fax 877 81 98-30, embajador@ecuaustria.jet2web.at*
- *Gesellschaftstr. 8, 3012 Bern, Tel. 031/302 21 11, Fax 302 98 30, embajacuba.berna@pingnet.ch*

Deutsche Botschaft

Calle B Nr. 652 (zw. Calle 11/Calle 13, Vedado, Ciudad de la Habana, Tel. 07/33 25 69, Fax 33 15 86, www.deutschebotschaft-havanna.cu

Österreichische Botschaft

Calle 4 Nr. 101/Calle 1a, Miramar, Ciudad de la Habana, Tel. 07/ 204 23 94 und 204 28 25, Fax 204 12 35

Schweizer Botschaft

5a Ave. 2005 (zw. 18/22), Miramar, Ciudad de la Habana, Tel. 07/ 204 26 11, Fax 204 11 48

EISENBAHN

Vom Hauptbahnhof in Havanna starten täglich mehrere Züge ins ganze Land, darunter um 7.30 Uhr der klimatisierte Tren Nr. 11 nach Santiago de Cuba *(12 Std., 42 US $)*. Auskünfte: *Ferrotour, Arsenal/Egido, Tel. 07/62 17 70, oder Grupo Ladi, hinter dem Bahnhof, Tel. 07/61 42 59.*

GELD & KREDITKARTEN

Touristen bewegen sich außerhalb des staatlichen Subventionsapparats, deshalb zahlen sie fast alles in Euro oder US-Dollar (keine Münzen!); Travellerschecks (Tauschgebühr bis zu 3 US $) und Kreditkarten dürfen nicht von einer US-Bank stammen. Mit PIN-Nummer oder Pass kann man mit einer Master-Card oder VISA-Kreditkarte in einem Cash Advance-Büro einer BFI- oder BNC-Bank oder an deren Geldautomaten Bargeld abheben. Bei Verlust einer Eurocard/Master-Card wird kein Ersatz nach Kuba geschickt. Kubanische Pesos (z. B. für Stadtbusfahrten) gibt es in den Wechselstuben *(cadecas)*. Achtung: die kursierenden Ersatzdollars *B-Certificados (Peso convertible)* sind außerhalb von Kuba wertlos.

GESUNDHEIT

Für die Einreise werden keine Impfungen verlangt, es sei denn, Sie kommen aus einem Land, in dem Cholera oder Gelbfieber vorkommen (wie z. B. in einigen lateinamerikanischen Ländern). Vorsicht ist bei Wasser geboten, um Magen- oder Darmverstimmungen vorzubeugen. Ein erhöhtes Risiko besteht auch durch die hohe Dunkelziffer bei Aids. Aktuelle Impfempfehlungen und Informationen zu Gesundheitsrisiken finden Sie auf der Website des Tropeninstituts München: *www.fit-for-travel.de*. Geraten wird z. B. zu Impfungen gegen Diphtherie, Hepatitis A und Tetanus. Benötigte Medikamente sollten in ausreichender Menge mitgeführt werden.

In den großen Touristenhotels gibt es Erste-Hilfe-Stationen, meist mit Arzt. Gute Kliniken sind auf der Website *www.cubainfo.de/klinik.html* aufgelistet. Wer ärztlich behandelt werden muss, zahlt die Behandlung bar in Dollar. Ratsam ist in jedem Fall der Abschluss einer Auslandskrankenversicherung.

INLANDFLÜGE

Um für einen Inlandflug einen Platz zu ergattern, muss man mindestens zwei Wochen im Voraus buchen. Besonders gefragt sind die Strecken von Havanna oder Varadero nach Santiago de Cuba (Hin- und Rückflug 241 US $, inkl. Sicherheitsgebühr). Vor Ort gebucht, sind die Flüge etwas teurer. Zentralbüro der *Cubana de Aviación: Calle Infanta/Humboldt, Vedado, Havanna, Tel. 0053/7/33 44 46, Fax 33 40 56, www.cubana.cu*

INTERNET

Computerterminals in den Etecsa-Büros ersetzen auf Kuba die Internetcafés. Außerdem gibt es in vielen Hotels einen Internetservice; in Havanna: *Nacional de Cuba (S. 40)*, *Parque Central (S. 37)* und *Capitolio (Parque Central)*; Santiago de Cuba: *Meliá Santiago de Cuba (S.79)*; eine halbe Stunde kostet meist 3 US $.

Hilfreiche Websites

– Umfangreiche Kuba-Linksammlung: *www.embacubalebanon.com*
– Workcamps & Solidarität: *www.netzwerk-cuba.de*
– Adressbuch und Nachrichten (engl.): *www.dt.cuba.com*
– Kultur: *www.cubanculture.com*
– Infotur-Büros: *www.infotur.cu*
– Tourismus: *www.cubasi.cu*
– Agentur Cubanacán: *www.cubanacan.cu*

€	US$
1	1,26
2	2,53
3	3,79
4	5,06
5	6,32
7	8,85
8	10,12
9	11,38
10	12,65

US$	€
1	0,79
2	1,58
3	2,37
4	3,16
5	3,95
6	4,74
7	5,53
8	6,32
9	7,11

KLIMA & REISEZEIT

Auf Kuba ist das ganze Jahr über Sonnensaison. Wer hohe Luftfeuchtigkeit scheut, sollte in der Trockenzeit (Nov.–April) reisen. Die Regenzeit fällt in die übrigen Monate, wobei die sonst sanften Nordostwinde Hurrikanstärke erreichen können; das gilt insbesondere für die Zeit von Ende August bis Anfang Oktober.

MIETWAGEN

Internationale Leihfirmen sind auf Kuba nicht vertreten. Wer zu günstigen Tarifen vorbuchen will, wende sich an einen Spezialveranstalter. Je nach Mietdauer muss man für den günstigsten Wagentyp (z. B. einen Daewoo Tico) mit einem Tagespreis von 39 US $ (ab 31 Tagen) bis 60 US $ (1 Tag) rechnen. Vor Ort sind zudem 10 US $ Versicherung pro Tag zu zahlen. Der Fahrer (mindestens 21 J.) muss einen nationalen Führerschein vorlegen und einen unterschriebenen Blanco-Kreditkartenabzug als Sicherheit hinterlegen.

POST

Briefmarken gibt es meist mit den Postkarten in den Läden, außerdem in manchen Etecsa-Büros (öffentliche Telefonbüros). Eine Luftpostkarte bzw. ein Brief nach Europa muss mit 0,50 US $ frankiert sein. Eine Postkarte benötigt rund drei Wochen nach Europa.

PREISE & WÄHRUNG

Währung ist der kubanische Peso; er ist das Zahlungsmittel der Kubaner innerhalb ihres sozialistischen Wirtschaftssystems. Überall, wo man sich als Tourist in ihrem Alltag bewegt (öffentliche Busse, Bauernmärkte), kann man ebenfalls in kubanischen Pesos zahlen, obwohl Euro oder Dollar sehr begehrt sind. In allen touristischen Einrichtungen, auch in Devisen-Bodegas und -Restaurants, zahlt man mit Euro oder Dollar. Die Preise haben europäisches Niveau. Eine Tasse *café cubano,* ein *mojito* oder ein *bocadito* (belegtes Brötchen) kosten 1 US $.

PRIVATQUARTIERE

In den touristischen Zentren sind sie meist verboten, sonst aber stellen die *casas particulares* (Privathäuser) eine gute, preisgünstige Alternative zu den staatlichen Hotels dar und ermöglichen dazu familiären Kontakt. Adressen und Informationen auf den Websites: *www.privatpensionen.de; www.casaparticularcuba.org; www.cubaguide.de/cubacasa.html*

SPEZIALVERANSTALTER

Kubanischer Herkunft ist der Veranstalter *Tropicana (Kantstr. 10–12, 60316 Frankfurt/M., Tel. 069/943 39 70, Fax 94 33 97 11, www.tropicana-touristik.de)*. Für seine wirklichkeitsnahen Kuba-Programme mehrfach prämiert wurde *avenTOURa (Rehlingstr. 17, 79100 Freiburg, Tel. 0761/211 69 90, Fax 211 69 99, www.aventoura.de; Büro in Havanna: Edificio Bacardí Oficinas 208–209, Monserrate 261, La Habana Vieja, Tel. 0053/7/863 28 00, Fax 861 56 29, www.aventoura-cuba.com*. Kuba »von innen« präsentiert auch *Vacancia (Südstr. 27, 52064 Aachen, Tel. 0241/40 64 35, Fax 236 70, www.cuba-reisen.net)*. Viel Erfahrung mit Tanzkursen hat *Danza y movimiento (Neanderstr. 41, 20457 Hamburg, Tel. 040/34 03 28, Fax 34 03 17, www.dym.de)*. Spezialist für Tauchreisen: *Nautilus Tours (Pfarrgasse 1, 82266 Inning, Tel. 08143/931 00, www.nautilus-tauchreisen.de)*.

STROM

Die neueren Hotels sind mit europäischen 220-Volt-Steckdosen, alle anderen mit amerikanischen 110-Volt-Steckdosen ausgerüstet. Sicherheitshalber einen Adapter mitbringen!

TAXI

Die Fahrt vom Flughafen Havanna in die Altstadt kostet etwa 25 US $. Verhandlungssache sind längere Fahrten, für die die Fahrer gern den Taxameter abstellen. Fragen Sie, ob das Benzin für die Tour reicht und ob es extra bezahlt werden muss.

TELEFON & HANDY

Die staatliche Telefongesellschaft Etecsa betreibt Büros *(tgl. 8–22 Uhr)* und ein immer dichter werdendes Netz öffentlicher Kartentelefone, mit denen man nach Übersee telefonieren kann. Die Telefonkarte *(tarjeta telefónica prepagada)* kostet 5, 10 oder 20 US $. Zu wählen ist bei Inlandsgesprächen die Vorwahl 01 und danach die Ortskennzahl ohne Null, bei Auslandsgesprächen Vorwahl 119, dann die Landeskennzahl (Deutschland 49, Österreich 43, Schweiz 41), dann die Ortskennzahl ohne Null. Vorwahl für Kuba: 0053.

Auf Kuba gibt es auch ein Mobilfunknetz, das bislang nur Urlau-

Was kostet wie viel?

Tanzshow	**80 Euro** z.B. im Tropicana
Kaffee	**1 Euro** für eine Tasse
Wasser	**0,80 Euro** für ein Fl. Mineralwasser
Bier	**0,80 Euro** für eine Flasche
Benzin	**0,80 Euro** für einen Liter Super
Briefmarke	**0,40 Euro** für eine Postkarte nach Europa

ber aus Spanien und Italien mit eigenen Handys nutzen können. Cubacel vermietet Handys tage- oder wochenweise (Tagespreis 3 US $ plus 0,40 US $ pro Minute und 40 US $ einmalige Gebühr). Info: *Cubacel, Calle 28 No. 510 (zw. 5ta/ 7ma), Miramar, Tel. 07/88 22 22, www.cubacel.cu.*

TRINKGELD

Man gibt 1 US $ Trinkgeld *(propina)* fürs Koffertragen und bei kleinen Rechnungen in den Hotelrestaurants; fürs Zimmermädchen sind 3 US $ pro Woche angemessen.

ZEIT

Seit der Einführung der Sommerzeit auf Kuba beträgt die Differenz das ganze Jahr über minus 6 Stunden.

ZOLL

Erlaubt ist die Einfuhr von max. 30 kg Gepäck sowie von Dingen des persönlichen Bedarfs, 10 kg Medikamenten und Geschenken im Wert von max. 50 US $. Die Ausfuhr größerer Kunstwerke, von Antiquitäten und anderen Kulturgütern ist nur unter Vorlage eines behördlichen Dokuments erlaubt. Für die Ausfuhr von mehr als 23 Zigarren siehe »Einkaufen«. Aus Kuba in ein EU-Land einreisend, darf man einführen: 200 Zigaretten oder 100 Zigarillos oder 50 Zigarren oder 250 g Tabak; 1 l Spirituosen; 500 g Kaffee; 50 g Parfüm und 0,25 l Eau de Toilette; außerdem Waren im Wert bis zu 175 Euro. Deutschland, Österreich und die Schweiz verbieten die Einfuhr von Produkten, die von geschützten Tieren stammen.

Wetter in Havanna

	Jan.	Feb.	März	April	Mai	Juni	Juli	Aug.	Sept.	Okt.	Nov.	Dez.
Tagestemperaturen in °C	26	27	28	29	30	31	31	32	31	29	27	26
Nachttemperaturen in °C	18	18	19	21	22	23	24	24	24	23	21	19
Sonnenschein Std./Tag	6	6	7	7	8	6	6	6	5	5	5	5
Niederschlag Tage/Monat	6	4	4	4	7	10	9	10	11	11	7	6
Wassertemperaturen in °C	25	24	24	26	27	27	28	28	28	28	27	27

¿Hablas español?

»Sprichst du Spanisch?«
Dieser Sprachführer hilft Ihnen, die wichtigsten Wörter und Sätze auf Spanisch zu sagen

Zur Erleichterung der Aussprache:

c	vor »e« und »i« stimmloser Lispellaut stärker als engl. »th«
ch	stimmloses »tsch« wie in »tschüss«
g	vor »e, i« wie deutsches »ch« in »Bach«
gue, gui/que, qui	das »u« ist immer stumm, wie deutsches »g«/»k«
j	immer wie deutsches »ch« in »Bach«
ll, y	wie deutsches »j« zwischen Vokalen. Bsp.: Mallorca
ñ	wie »gn« in »Champagner«

AUF EINEN BLICK

Ja./Nein.	Sí./No.
Vielleicht.	Quizás./Tal vez.
In Ordnung./Einverstanden!	¡De acuerdo!/¡Está bien!
Bitte./Danke.	Por favor./Gracias.
Vielen Dank!	Muchas gracias.
Gern geschehen.	No hay de qué./De nada.
Entschuldigung!	¡Perdón!
Wie bitte?	¿Cómo dice/dices?
Ich verstehe Sie/dich nicht.	No le/la/te entiendo.
Ich spreche nur wenig …	Hablo sólo un poco de …
Können Sie mir bitte helfen?	¿Puede usted ayudarme, por favor?
Ich möchte …	Quiero …/Quisiera …/Me gustaría …
Das gefällt mir (nicht).	(No) me gusta.
Haben Sie …?	¿Tiene usted …?
Wie viel kostet es?	¿Cuánto cuesta?

KENNENLERNEN

Guten Morgen!	¡Buenos días!
Guten Tag!	¡Buenos días!/¡Buenas tardes!
Guten Abend!	¡Buenas tardes!/¡Buenas noches!
Hallo! Grüß dich!	¡Hola! ¿Qué tal?
Ich heiße …	Me llamo …
Wie ist Ihr Name, bitte?	¿Cómo se llama usted, por favor?
Wie geht es Ihnen/dir?	¿Cómo está usted?/¿Qué tal?

Danke. Und Ihnen/dir?	Bien, gracias. ¿Y usted/tú?
Auf Wiedersehen!	¡Adiós!
Tschüss!	¡Adiós!/¡Hasta luego!
Bis morgen!	¡Hasta mañana!

UNTERWEGS

Auskunft

links/rechts	a la izquierda/a la derecha
geradeaus	todo seguido/derecho
nah/weit	cerca/lejos
Wie weit ist das?	¿A qué distancia está?
an der Ampel	al semáforo
an der nächsten Ecke	en la primera esquina
Bitte, wo ist …	Perdón, ¿dónde está …
… der Busbahnhof?	… la estación de autobuses?
… die Haltestelle?	… la parada?
Fahrplan	horario
Eine Fahrkarte nach … bitte.	Un billete para …, por favor.
Ich möchte hier aussteigen.	Quiero bajar aquí.
Ich möchte … mieten.	Quisiera alquilar …
… ein Auto...	… un coche.
… ein Boot...	… un barco.

Panne

Ich habe eine Panne.	Tengo una avería.
Würden Sie mir bitte einen Abschleppwagen schicken?	¿Puede usted enviarme un cochegrúa, por favor?
Gibt es hier in der Nähe eine Werkstatt?	¿Hay algún taller por aquí cerca?

Tankstelle

Wo ist bitte die nächste Tankstelle?	¿Dónde estála gasolinera más cercana, por favor?
Ich möchte … Liter …	Quisiera … litros de …
… Normalbenzin.	… gasolina normal.
… Super./… Diesel.	… súper./… diesel.
Voll tanken, bitte.	Lleno, por favor.

Unfall

Hilfe!	¡Ayuda! / ¡Socorro!
Achtung!	¡Atención!
Rufen Sie bitte schnell …	Llame enseguida …
… einen Krankenwagen.	… una ambulancia.
… die Polizei.	… a la policía.
… die Feuerwehr.	… a los bomberos.

Haben Sie Verbandszeug?	¿Tiene usted botiquín de urgencia?
Es war meine Schuld.	Ha sido por mi culpa.
Es war Ihre Schuld.	Ha sido por su culpa.
Geben Sie mir bitte Ihren Namen und Ihre Anschrift.	¿Puede usted darme su nombre y dirección?

ESSEN/UNTERHALTUNG

Wo gibt es hier …	¿Dónde hay por aquí cerca …
… ein gutes Restaurant?	… un buen restaurante?
… ein nicht zu teures Restaurant?	… un restaurante no demasiado caro?
Reservieren Sie uns bitte für heute Abend einen Tisch für vier Personen.	¿Puede reservarnos para esta noche una mesa para cuatro personas?
Die Speisekarte, bitte.	La carta, por favor.
Könnte ich bitte ... haben?	¡Tráigame..., por favor!
… ein Messer?	… un cuchillo?
… eine Gabel?	… un tenedor?
… einen Löffel?	… una cuchara?
Auf Ihr Wohl!	¡Salud!
Bezahlen, bitte.	¡La cuenta, por favor!

EINKAUFEN

Wo finde ich …	Por favor, ¿dónde hay …
... eine Apotheke?	... una farmacia?
... eine Bäckerei?	... una panadería?
... ein Fotogeschäft?	... una tienda de artículos fotográficos?
... ein Einkaufszentrum?	... un centro comercial?
... ein Lebensmittelgeschäft?	... una tienda de comestibles?
... den Markt?	... el mercado?

ÜBERNACHTUNG

Können Sie mir bitte … empfehlen?	Perdón, señor/señora/señorita. ¿Podría usted recomendarme …
… ein Hotel...	… un hotel?
… eine Pension...	… una pensión?
Ich habe ein Zimmer reserviert.	He reservado una habitación.
Haben Sie noch …	¿Tienen ustedes …?
… ein Einzelzimmer?	… una habitación individual?
… ein Zweibettzimmer?	… una habitación doble?
… mit Dusche/Bad?	… con ducha/baño?
… für eine Nacht?	… para una noche?

… für eine Woche?	… para una semana?
… ein ruhiges Zimmer?	… una habitación tranquila?
Was kostet das Zimmer mit …	¿Cuánto cuesta la habitación con …
… Frühstück?	… desayuno?
… Halbpension?	… media pensión?

PRAKTISCHE INFORMATIONEN

Arzt

Können Sie mir einen guten Arzt empfehlen?	¿Puede usted indicarme un buen médico?
Ich habe hier Schmerzen.	Me duele aquí.
Ich habe …	Tengo …
… Kopfschmerzen.	… dolor de cabeza.
… Zahnschmerzen.	… dolor de muelas.
… Durchfall.	… diarrea.
… Fieber.	… fiebre.

Post

Was kostet …	¿Cuánto cuesta …
… ein Brief …	… una carta …
… eine Postkarte …	… una postal …
… nach Deutschland?	… para Alemania?
Eine Briefmarke, bitte.	Un sello, por favor.

ZAHLEN

0	cero	19	diecinueve
1	un, uno, una	20	veinte
2	dos	21	veintiuno, -a, veintiún
3	tres	22	veintidós
4	cuatro	30	treinta
5	cinco	40	cuarenta
6	seis	50	cincuenta
7	siete	60	sesenta
8	ocho	70	setenta
9	nueve	80	ochenta
10	diez	90	noventa
11	once	100	cien, ciento
12	doce	200	doscientos, -as
13	trece	1000	mil
14	catorce	2000	dos mil
15	quince	10000	diez mil
16	dieciséis		
17	diecisiete	1/2	medio
18	dieciocho	1/4	un cuarto

Reiseatlas Kuba

Die Seiteneinteilung für den Reiseatlas finden Sie auf dem hinteren Umschlag dieses Reiseführers

Kartenlegende Reiseatlas

	Autobahn mit Anschlussstelle Motorway with junction
	Autobahn in Bau Motorway under construction
	Autobahn in Planung Motorway projected
	Autobahnähnliche Schnellstraße mit Anschlussstelle Dual carriage-way with motorway characteristics with junction
	Straße mit zwei getrennten Fahrbahnen Dual carriage-way
	Durchgangsstraße Thoroughfare
	Wichtige Hauptstraße Important main road
	Hauptstraße Main road
	Sonstige Straße Other road
	Fahrweg Carriageway
	Straßen in Bau Roads under construction
	Eisenbahn Railway
	Autofähre Car ferry
	Schifffahrtslinie Shipping route
	Landschaftlich besonders schöne Strecke Route with beautiful scenery
	Straße gegen Gebühr befahrbar Toll road
1357	Pass mit Höhenangabe Pass with height
	Bedeutende Steigungen Important gradients
	Salzsee Saltwater lake
	Sumpf Swamp
	Salzsumpf Saltwater swamp
	Mangrove Mangrove
	Korallenriff Coral reef

Kultur
Culture

★★ PARIS ★★ *la Alhambra*	Eine Reise wert Worth a journey
★ TRENTO ★ *Comburg*	Lohnt einen Umweg Worth a detour

Landschaft
Landscape

★★ Rodos ★★ *Fingal's cave*	Eine Reise wert Worth a journey
★ Korab ★ *Jaskinia raj*	Lohnt einen Umweg Worth a detour
	Besonders schöner Ausblick Important panoramic view
PARQUE NACIONAL	Nationalpark, Naturpark National park, nature park
	Ausflüge & Touren **Excursions & tours**
4807	Bergspitze mit Höhenangabe in Metern Mountain summit with height in metres
(630)	Ortshöhe Elevation
	Kirche Church
	Kirchenruine Church ruin
	Turm Tower
	Leuchtturm Lighthouse
	Schloss, Burg Palace, castle
	Schloss-, Burgruine Palace ruin, castle ruin
	Denkmal Monument
	Wasserfall Waterfall
	Höhle Cave
	Ruinenstätte Ruins
★	Sonstiges Objekt Other object
	Campingplatz Camp site
	Badestrand Bathing beach
	Verkehrsflughafen Airport
	Flugplatz Airfield

A
B
C
1
2
3
4
5
6
Golfo de México
Archipiélago
Ojo de
Punta Tabaco
Cayo Diego
Macurije
114
Ensenada de Dimas
Cayo Rapado Grande
Dimas
NACIONAL
Vista Hermosa
32
CN
Santa María
Santa Isabel
43
Mina Dora
Mantua
Sierra
Cayos de Buenavista
Arroyos de Mantua
Pino Gordo
15
Mantua
La Vigía
La Pimienta
El Blanquizal
San Felipe
53
San Cristo del Valle
Juan Gómez
Cayo Zapato
I
El Ají
33
Veinte de Mayo
Golfo de Guanahacabibes
Punta Pinalillo
Salado
Bolívar
10
12
San Julián
Punta Colorada
Embalse Laguna Grande
Sandino
Bahía de Guadiana
Punta Plumajes
Ensenada Melones
Punta la Majagua
La Fé
15
Los Insinitos
Punta Carabela Grande
11
El Cayuco
Las Martinas
Guanahacabibes
Carabelita
La Jaula
La Jarreta
33
El Vallecito
La Güira
32
22
Estrecho de Yucatán
Pasa Sorda del Muerto
Punta El Cajón
Cayos de la Leña
Las Tumbas
Ensenada Cajón
Cabo de San Antonio
Península de
PARQUE NACIONAL DE PENÍNSULA DE GUANAHACABIBES
Los Ingleses
Punta Gorda
La Bajada
Valle San Juan
Cueva Funche
Yayales
Bolondrón
Los Cayuelos
14
Bahía de Corrientes
Uvero Quemado
Punta del Holandés
Punta Caimán
Maria la Gorda
Cabo Corrientes
Punta Leones

D
E
F
15km
1
3
4
5
6
de los Colorados
Pinar del Río
Cayo Levisa
Cayos Alacranes
Ensenada Tortuga
Bahía de la Mulata
Punta Gobernadora
Bahía Honda
Playa El Morrillo
Corojalito
Greg. García
Harlem
El Volador
Bahía Honda
Luis Carrasco
La Mulata
Las Pozas
Los Gayos
Cayo Inés de Soto
Cayo Arenas
Manuel Sanguily
La Anita
Pan de Guajaibón
699
Rancho Canelo
Mameyal
Punta Lavandera
Verracos
San José
La Ceja
San Juan de Sagua
Niceto Pérez
Puerto Esperanza
El Rosario
San Cayetano
La Palma
Guaniguanico
Sierra del Rosario
Bahía Santa Lucía
Las Balisas
Cueva del Indio
San Andrés
523
Cayo Hueso
PARQUE NACIONAL LA GÜIRA
Santa Cruz de los Pinos
Santa Lucía
Cueva de San Miguel
Pan de Azúcar
San Vicente
Laguna de Piedra
La Güira
San Diego de los Baños
Fierro
Taco Taco
Minas de Matahambre
Mural de la Prehistoria
Valle de Viñales
Viñales
Hoyo la Mar
Entronque de Herradura
Paso Quemado
Los Palacios
Órganos
El Moncada
Pilotos
Navarro los Galves
El Ocuje
Emb. la Juventud
Paso Real de San Diego
Pons
Santa Rita
Cabeza
Cueva de Santo Tomás
Brunet
Herradura
Santa Monica
Los Cocos
Serrano
Aguas Claras
Reparto Conchita
Consol. del Sur
Sumidero
Cuevas del Sumidero
591
Elena
Pto. de Golpe
Cubanacán
Sierra Maestra del
Caña Alta
Envidia
San Carlos
Las Ovas
La Jócuma
Santa Bárbara
Pinar de la Catalina
PINAR DEL RÍO
Cuatro de la Coloma
Antonio Briones Montoto
Baró
Aluvial
Santa Felicia
Río Seco
Álvaro Barba
Alonso de Rojas
El Macio
Playa Dayaniguas
Laguna Media C.
Santa Damiana
Tierra Baja
San Vincente
Emb. El Punto
Ensenada de Dayaniguas
Punta Carraguao
San Juan y Martínez
Santa María
Llanura
San Luis
Turcles
Lima
El Salado
La Muralla
El Rosario
Playa las Canas
La Coloma
Playa el Guanal
Punta del Gato
El Sábola
Galope
El Corojo
La Barriguna
Playa de Galafre
Punta de Cartas
Punta de Caribe
Ensenada de Coloma
Punta Cayo Mono
Santa Teresa
Playa Bailén
Bahía de Cortés
Punta Gorda
Albufera de Cortés (Laguna de Cortés)
Punta de Cortés
La Grifa
Babineyes
La Yana
Francés
Cayo Juan García
Cayo Real
Cayo Sijú
Cayo Coco
Cayo la Cucaña
PARQUE NACIONAL DE LOS INDIOS – SAN FELIPE
Cayos de San Felipe
Canal de los Indios
Cayos los Indios
Punta Buenavista
Isla de la Juventud
Punta Francés
Punta Coruas
Punta de Pedernales
PARQUE NACIONAL MARINO DE PUNTA FRANCÉS – PUNTA PEDERNALES
Caleta Grande
A4
CN
CC
24
111
121
192
371
491
81
53
42
83
208

A
B
C
1
2
3
4
5
6
Estrecho de
Ciudad de la Haba
LA HABANA
Bahía de la Habana
Punta Campanilla
Playas d
Cojímar
Barreras
Museo Histórico de Guanabacoa
Sta. María del Rosario
Finca La Vigía
Cuatro Cam
Santiago de las Vegas
Managua
SANTA FÉ
Playa Baracoa
Cangrejeras
El Caño
José Martí
Wajay
Punta Brava
Bauta
Guatao
Corralillo
El Rincón
Bejucal
El Volcán
Río Hondo
San Antonio de las Vegas
San Felipe
Guara
Melena del Sur
La Serafina
San Agustín
Camacho
Batabanó
Surgidero de Batabanó
Bahía de Mariel
Mosquito
La Boca
Habana Libre
Mariel
Caimito
Guayabal
Vereda Nueva
Mi Rancho
Ceiba del Agua
San Antonio de los Baños
La Salud
Quivicán
El Gabriel
Güira de Melena
El Junco
El Rosario
Alquízar
Capellanía
Las Cañas
Neptuno
Las Mangas
Playa Majana
La Luz
La Cucaracha
Llanura
Ensenada de Majana
Guanímar
Punta de Cayamas
Playa del Cajío
Bahía de Cabañas
Punta los Ciegos
Playa San Pedro
Pablo d.I. Torriente Brau
Agusto César Sandino
Cabañas
Quiebra Hacha
Guanajay
Loma del Rubí
Valdes
El Cuzco
Mango Bonito
Cayajabos
Eduardo García Lavandero
Artemisa
Abraham Lincoln
Pijirigua
Salto de Soroa
Soroa
San Juan de Dios
San Cristóbal
Candelaria
Mango Dulce
El Corojal
Los Pinos
José Martí
Fajardo
Taco
Piedra
El Mambí
Cantón
Trujillo
El Pinar
Laguna de la Deseada
Ensenada de Bacunagua
Punta Comegatos
Punta la Capitana
Punta Salina
Corojal
Punta de las Salinas
Cayos los Guzmanes
Cayería Las Cayamas
La Hab
Canal del Hacha
Cayo Buenavista
Cayo Mail País
Canal de Monterrey
Golfo de Batabanó
Canal de la Laguna
Cayo Culebra
Punta Guisaso
Punta Gorda
Ens. de Matahambre
Cayo Monterrey
Cayo Matahambre
Cayo Rabihorcado
Cayo Cuarto
Cayo Hambre
2 h
Canal de la Pipa
Islas de Mangles
Cayos Alacranes
Cayos la Manteca
Cayo Grande
Archipiél
Punta de los Barcos
Punta del Lindero
Playa Bibijagua
Chacón
Presidio Modelo
Embalse del Medio
Las Nuevas
Estero del Pino
El Abra
Cayo el Navío
Cayo Triángulo
la Cruz
114
112

D
E
F
1
2
3
4
5
6
Trópico de Cáncer
15km
la Florida
Boca de Jaruco
Punta Tijeras
Santa Cruz del Norte
Jibacoa
Puerto Libre
Punta Escondido
El Inglés
Punta Rubalcava
Bahía de Matanzas
Playa de Camarioca
Playa Varadero
Varadero
Península de Hicacos
Guanabo
La Sierra
Tumba Cuatro
Campo Florido
San Antonio de Río Blanco
Camilo Cienfuegos
Jibacoa del Norte
Arcos de Canasí
Santa Teresa
Valle de Yumurí
Carbonera
Camarioca
Guásimas
Cárde
Blasmuri
MATANZAS
Jaruco
Caraballo
Picadura
Valle Elena
Cuevas de Bellamar
San Felipe
J. G. Gómez
Cantel
El Peru
Bainoa
Aguacate
Guanabana
Botino
José Smith Comas
Casiguas
Catalina de Güines
Moralés
Niña Sierra
Ceiba Mocha
La Campana
Horacio Rodríguez
Méndez Capote
Santa Ana
Cidra
Limonar
Fructuoso Rodríguez
Coliseo
Madruga
La Bija
Alturas de Bejucal-Madruga-Coliseo
Güines
La Esperanza
Pipián
Juan Gualberto Gómez
Gregorio Arlee Mañalich
Río Seco
Vegas
Manuel Isla
Cabezas
Juan Ávila
San Miguel de los Baños
Jovellanos
Bermeja
Unión de Reyes
Jaime López
San Nicolás
Héctor Molina
Palos
Alacranes
Bolondrón
Nueva Paz
Cuba Libre
La Luisa
Mayabeque
Pedrín Troya
Puerto Rico Libre
Güira de Macurijes
Pedro Betancourt
Juan Borrel
Guanamón de Herrera
El Estante
Playa del Caimito
Playa Rosario
Playa Tasajera
La Lanza
Socorro
Pedroso
Llanura Cársica Meridional
Punta Mora
San Agustín
Buena Vista
Peralta
El Galeón
Torriente
Punta de las Cuberas
Ensenada de la Broa
Boca del Hatiguanico
Hatiguanico
Negro
Matanzas
La Perla
Punta Curazao
Punta de la Rama
Gonzalo
Guareiras
Punta Sombrero
Punta Paridas
Ensenada le Curazao
Ciénaga Occidental
Santo Tomás
Maneadero
El Vínculo
La Boca
PARQUE NACIONAL
Península de Zapata
DE CIÉNAGA DE ZAPATA
Laguna las Paridas
Casa Nueva
Llanura de Zapata
Ciénaga de Zapata
Pálpite
Criadero de Cocodrilos
Buenaventura
Punta Providencia
San Lázaro
Cayo Gordas
Punta de Cristóbal
Cayos Don Cristóbal
Caleta del Ro
Punta de Macurije
Ensenada de Cazones
Cayería de la Fábrica
Cayo del Masio
Laguna de las Salinas
La Salina
Cayo Juan Ruiz
Cayos Blancos del Sur
Golfo de Cazones
Cayo Ernest Thaelmann
Laguna de Palmillas
Cayos Borracho
Punta Palmilla
Cayo Miguel
Cayo Diego Pérez
Cayo Traviesa
113
115

Golfo de Batabanó
Isla de la Juventud
Nueva Gerona
La Fé
La Demajagua
La Victoria
Siguanea
Santa Isabel
La Reforma
Cayo Piedra
Sierra de la Cañada
Peniplano Septentrional
Llanura Cársica del Sur
Ciénaga de Lanier
Parque Nacional
Presidio Modelo
Archipiélago
Cayos los Indios
Cayo Hambre
Cayo Cuarto
Cayo Rabihorcado
Cayo Culebra
Cayo Grande
Cayos Alacranes
Cayos la Manteca
Islas de Mangles
Canal de la Pipa
Canal de la Laguna
Canal del Hacha
Cayería Las Cayamas
Cayos los Guzmanes
José Martí
Pinos
Mango Jobo
Santa Cruz de los Pinos
Taco Taco
Los Palacios
Paso Real de San Diego
Los Cocos
Sierra Maestra
Pinar de la Catalina
Playa Dayaniguas
Punta Carraguao
Punta del Este
Punta Rincón de Guanal
Cabo Pepe
Cocodrilo
Caleta Grande
Isla de la
Mar
15km

del Sur
La Luisa
Nicolás
Hector Molina
Nueva Paz
Bolondrón
Batabanó
Juan Borrel
Pedrín Troya
Güira de Macurijes
113
Playa Mayabeque
Guanamon de Herrera
El Estante
Batabanó
Playa Rosario
Playa del Caimito
Playa Tasajera
La Lanza
Socorro
Punta Mora
Cársica Meridional
San Agustín
Buena Vista
Habana
Punta de las Cuberas
El Galeón
270
Ensenada de la Broa
Boca del Hatiguanico
Hatiguanico
Negro
Matan
Punta Curazao
Punta de la Rama
Gonzalo
Guareiras
Punta Sombrero
Punta Paridas
Punta Guisaso
Ensenada le Curazao
Ciénaga
Santo Tomás
Punta Gorda
Ens. de Matahambre
Maneadero
Cayo Matahambre
Laguna las Torídas
PARQUE NACIONAL
Casa Nueva
El Vínculo
Península de Zapata
Llanura
Criadero de Cocodrilos
Ciénaga de Zapata
Punta Providencia
DE CIÉNAGA DE ZAPATA
Cayo Gordas
Punta de Cristóbal
Cayos Don Cristóbal
Cayo Juan Ruiz
Cayería de la Fábrica
Punta de Macurije
Ensenada de Cazones
Cayo del Masio
Cayo Diego Pérez
Golfo de Cazones
Cayos Blancos del Sur
Cayo Ernest Thaelmann
La Salina
Cayo Traviesa
Archipiélago de los Canarreos
Cayo Tablones
Cayo Pasaje
Cayo Divisa de Piedra
Ensenada Media Luna
Canal del Rosario
Cayo del Rosario
Cayo Estopa
Punta los Muertos
Cayos Aguardiente
Cayo Cantiles
Punta del Inglés
Cayería los Majáes
Cayos Perases
Combito
Cayo Iguana
Punta Mangle Prieto
Los Cocos
Cayo Largo
Cocodrilo
Playa Sirena
Juventud
Caribe
1
2
3
4
5
6
115

A
B
C
Archipiélago de Sabana
Península de Hicacos
Cayo Mono
Cayos Blancos
Cayo Cruz del Padre
Cayo Galindo
Cayos Juan Clarito
Las Morlas
Varadero
Cayo Machos
Cayo Cedro
Cayos de las Cinco Leguas
Cayos Falcones
Cayo Blanquizal
Punta Sardina
Bahía de Cárdenas
Punta de Piedras
Cayos Inglés
Cayo Negro
Bahía de Santa Clara
Ensenada del Asturiano
Cárdenas
La Teja
Beños de Elguea
Cayo Triste
Lagunas de Concuil
Ciénaga del Majaguillar
El Castillo
Río la Palma
Valdivieso
Río Chiquito
Laguna de los Gatos
Playa el Salto
Playa Ganuza
Ens. de Sierra Morena
Cayo las Picúas
Hoyo Colorado
Deleite
Rodrigo
José Smith Comas
Mercedita
Esteban Hernández
Hatuey
Corralillo
Ategorrieta
Zapato
Palma Sola
Embalse Palma Sola
Sierra Morena
San Antón
San Joaquín
Máximo Gómez
Martí
Itabo
114
San Pablo
Minas de Motembo
San Pedro
La Panchita
Carahatas
Carlos Rojas
Anguila
Carlos Rodríguez
Guillermo Llabre
Rancho Veloz
Quintín Banderas
Llanura del Norte
Alturas
Cuba Libre
Guamutas
Santa Gertrudis
España Republicana
San José de los Ramos
El Retiro
La Sierra
José R. Riquelme
Julio Reyes Cairo
Armonía
Banaguises
Macagua Vieja
Israel Ruíz
Republica
Perico
Sergio González
México
Punta Felipe
La Campana
Santa Gertrudis
Colón
Río Piedras
Los Arabos
Zorilla
Jiquí
Salvadora
Cuatro Espuinas
La Isabel
René Fraga
Jobero
Agramonte
Guareiras
Cascajal
San Pedro de Mayabón
Arango
Mordazo
Sabino Hernández
Algarrobo
Seis de Agosto
Artemisa
Cayo Bejuco
Reynold García
Palmillas
Manacas
Colón
Manguito
Céspedes
Antón
Campo Alegre
George Washington
Jagüey Grande
Jesús Rabí
Santiago de Cartagena
El Salado
San Marcos
Perla
Calmimete
Falcón
La Isabel
El Jobo
California
Lequeito
La Piragua
Australia
Amarillas
Las Calas
Santa Felicia
El Corojo
Cartagena
Criadero de Cocodrilos
Rodeo
Violeta
Malezas
La Boca
Aguada de Pasajeros
Turquino
La Piragua
Batalla de Peralejo
Laguna del Tesoro
Victoria
Primero de Mayo
Arriete
Guamá
Rodas
Congojas
Ciego Montero
Real Campiña
Navarra
Emb. Damují
Elpidio Gómez
Paradero de Camarones
Soplillar
Guayabales
Abreus
Playa Larga
Antonio Sánchez
Henry Reeve „El Inglesito“
Ariza
Palmira
Espartaco
Canal de Soplillar
Zapata
Yaguaramas
Catorce de Julio
San Fernando de Camarones
Caleta del Rosario
Horquitas
Guillermo Moncada
Cienfuegos
Punta Perdiz
Cayo Ramona
San Ignacio
Las Charcas
Babiney
La Yuca
Cauna
Guasimal
La Ceiba
Palmarito
Bahía de Cienfuegos
Pepito Tey
Guaos
Helechal
Bermejas
Castillo de Jagua
J. González
Cocodrilo
San Antón
Bahía de Cochinos
Juraguá
Perché
Playa Girón
La Forestal
Cueva Verraco
Playa Rancho Luna
Arimao
Punta Palmillas
Los Cluecos
Jagua
Punta Aristizabel
Ensenada Guasasas
Ensenada las Canas
Punta Colorados
La Sierrita
Gavilán
Punta Diablo
Punta San Juan
Cienfuegos
15km

D
E
F
1
2
3
4
5
6
piélago
San Nicolás
Canal de
de
Sabana
Villa Clara
Cayo Verde
Boca de Sagua la Grande
Bahía Filipinas
Cayo Esquivel
Cayo Sotavento del Sur
Cayo del Cristo
Puerto Sagua la Grande
Cayo Bomba
Punta Gorda
Cayo Dromedarias
Cayo Lanzanillo
Carahatas
Isabela de Sagua
El Dorado
Vegetales
Gaguaguas
El Mogote
Bahía de Ubero
Playa Uvero
Cayo la Vaca
Ensenada de Cayo Vaca
Cayos del Pajonal
Cayo Marcos
Bocas de Marcos
Playa Piñón
Punta Trujillo
Armonía
Quemado de Güines
Sagua la Grande
Granadillo
Punta Higuereta
Emilio Córdova
Cayo Fragoso
Sitiecito
Viana
Presa Alacranes
Mariana Grajales
Unidad Proletaria
Perucho Figueredo
El Santo
Playa Juan Francisco
Arroyo Naranjo
Amaro
Calabazar de Sagua
Camacho
Cifuentes
El Vaquerito
Cayos de la Herradura
Punta Gorda
Cayo Guayo
Santo Domingo
Mata
Encrucijada
Chiquí Gómez
Veintiseis de Julio
San Francisco
Sin Nombre
Vega Alta
Refugio
Jinaguayabo
Bahía
San Diego del Valle
San Miguel
La Luz
San Antonio de las Vueltas
Marcelo Salado
Caibarién
Jicotea
Hatillo
Palenque
Remedios
Cayo la Aguada
Nombre de Dios
Yabú
Taguayabón
Esperanza
Antón Díaz
El Gigante
Camajuaní
José María Pérez
Bartolomé
Guaní
Dolores
Castaño
Embalse Minerva
Boca del Róbalo
Ranchuelo
SANTA CLARA
Manajanabo
Zulueta
Heriberto Duquesne
Seibabo
Efraín Alfonso
Miller
Falcón
Zulueta del Sur
Buena Vista
Juan Francisco
Carretera del Acueducto
Alturas de Santa Clara
San Juan de los Yeras
Placetas
Hermanos Ameijeiras
El Mamey
El Copey
La Ramona
Jorobada
Oropesa
Benito Juárez
General Carrillo
Aguas Blancas
Guaracabulla
Remates de Ariosa
El Tejón
Biajacá
Matagua
Hernando
Manzanares
Jarahueca
Presa Avilés
Báez
Minas Abajo
La Moza
María Rodríguez
Dig de Agua
Potrerillo
Centro Comunal Manuel M
Barajagua
Los Indios
Nazareno
Manicaragua
Agabama
Cumanayagua
Mina San Antonio
La Redonda
Neiva
Botánico
El Salte del Hanabanilla
Fomento
Cabaiguán
Las Moscas
Presa Hanabanilla
Hanabanilla
Mabujina
Santa Lucía
Guayos
La Amistad
Crucecitas
El Nicho
Güinía de Miranda
Santa Rosa
Embalse de Tuinicú
Las Cuevas
Zaza del Medio
Pico San Juan 1156
Topes de Collantes
Jibacoa
PAISAJE NATURAL PROTEGIDO
Sopimpa
Pedrero
Tuinicú
La Felicidad
El Mamoncillo
Mayarí
Casa de Tablas
Loma la Gloria
Aeropuerto
Siguaney
Topes de Collantes
Meyer
Gavilanes
Las Tosas
Sancti Spíritus
Camilo Cienfuegos
Guamuhaya
Condado
Valle de Yaguanabo
Pico de Potrerillo
Valle de los Ingenios
Caracusey
Loma de Banco 842
Río Hondo
Magua
Iznaga
Bánao
Presa Zaza
Piti Fajardo
Torre de Iznaga
La Pedrera
San Antonio
La Boca
Trinidad
Paredes
Palmarito
La Güira
Guasimal
Cayo Yero
Playa Ancón
Casilda
Cuyují
Pojabo
Heriberto Orellanes
El Caracol
San Pedro
Península de Ancón
Bahía de Casilda
Vallejo
Bahía de San Pedro
Cagüeira
Mapos
Punta Manatí
Punta Ciego
Playa Tayabacoa
Tunas de Zaza
Siete de Noviembre
Zaza

A
B
C
1
2
3
4
5
6
PARQUE NACIONAL DE CAYO GUILLERMO – SANTA MARÍA
Cayo Santa María
Cayo Francés
Cayo Cobos
Cayos de la Herradura
Cayo Cortizo
Punta el Morro
Cayo Guillermo
Canal de Guillermo
Cayo Baliza
Cayo Botella
Punta Cocalito
Cayo Largo del
Caibarién
Cayo la Aguada
Cayo Lucas
Cayo Salinas
Bahía Buena Vista
Guaní
Dolores
Boca del Róbalo
Ens. de Juncal
Punta de Judas
Lomas de Yeso
Máximo Gómez
Bahía de Buena Vista
Bahía de Perros
Punta Caldera
Isla de Turiguanó
Punta Alegre
Los Perros
Seibabo
Obdulio Morales
Simón Bolívar
Aracelio Iglesias
Juan Francisco
Buena Vista
El Mamey
Yaguajay
Centeno
Emb. Aridanes
Aridares
Veguitas
Dos Hermanas
Canal Chicola
Punta Alegre
Kilo Nueve
La Loma
El Salado
Turiguanó
General Carrillo
Meneses
La Eladia
Mayajigua
El Asiento
Aguada
Jarahueca
Iguara
El Río
Mabuya
Chambas
Laguna de Leche
Lag. Redonda
Minas Abajo
Centro Comunal Manuel M. Brito
Piñero
Venegas
Perea
Piedra
Falla
Embarcadero
Peonia
Potrerillo
Florencia
Nordeste
Ranchuelo
Morón
Patria
Neiva
La Veguita
Tamarindo
Cabaiguán
La Rana
Los Ramones
Loma del Cacahual
Jobo Siete
M. Gómez
Ciro Redondo
La Amistad
Embalse Lebrije
Arroyo Blanco
Zaza del Medio
La Yamagua
La Aurora
Villa
Cacahual
Taguasco
Santa Fé
Santa Ana
Pozo Viejo
Siguaney
Crucero Trilladeras
Reforma Tres
Aeropuerto
Virginia
Ceballos
Sancti Spíritus
Sergio González
Jatibonico
Majagua
Santo Tomás
Loma la Carolina
Guayacanes
Jicotea
La Cuba
Santa Teresa
Presa Zaza
Pelayo
Bernal Uno
Orlando González
Ciego de Ávila
Jucaro-Morón
El Frú
Paredes
La Ferrolana
Jatibonico del Sur
Roberto Rivas
La Yaba
Negros
Vicente
Crucero de Baraguá
Cayo Yero
El Patio
Bernal Seis
Victoria
Silveira
Las Coloradas
Colorado
Gaspar
Guasimal
Heriberto Orellanes
La Sierpe
Los Marañones
Limones Palmero
Sanguily
La Ofelia
Venezuela
Las Nuevas
Majagua
La Susana
Moreno
Llanura
Jagüeyal
Baraguá
Peralejo
Mapos
Jíbaro
Canal Negros
Siete de Noviembre
Limpio Abarcas
El Cedro
Grande
Júcaro
Ciego de Ávila
San
Pueblo Nuevo
San Diego
Punta Garapacho
Ens. Sabanalamar
Emb. Baraguá
Punta Colorada
Ensenada de las Canarias
La Alina
Estero de Santa Ana
Spíritus
Cayo Flamenco
Cayo Guásimas
Cayos de Ana María
Cayo Tío Joaquín
Playa de Florida
Punta la Cana
Estero la Jatía
Cayo Arenas
Punta Remate
Golfo de Ana María
Canal Paloma
Canal Santa María de Afuera
Cayo Santa María
Cayo Bretón
Cayos Cinco
Canal de Orejón
Cayo
Punta de Potrerillo
120
118

D
E
F
1
2
3
4
5
6
15km
Cayo Guinchos
Canal Viejo de Bahama
Archipiélago de Camagüey
Punta Coco
Cayo Coco
Punta el Santo
Cayo Paredón Grande
Cayo Antón Chico
Cayo Antón Grande
Cayo Romano
Cayo Largo la Salina
Cayo Alta
Alto de Juan Sáez
Boca de los Paredones
Laguna de la Cubero
Punta Cubera
Cayo Judas
Pasa de Judas
Manatí
Cayo Mégano Grande
Canalizo del Partido del Mégano
Laguna Media Esponja
Cayo Cruz
Cayo la Garza
Punta la Laguna
Cayo Romano
Cayo los Machos
Punta el Inglés
Cayo
Romano
Bahía de Jigüey
Gertrudis
Punta Caonao
Loma de Cunagua
338
Bolivia
La Cinco
La Nueve de Manga Larga
La Veintiuno
Liborio
Guaney
Mamey
San Antonio
Mameyal
Laguna Guanamaca
Primero de Enero
La Treinta
Mijial Tres
Boca de Nasa
Caonao
Maduro
Grúa Nueva
Pedro Ballester
Tabor
Playa Jigüey
Ens. del Tío Pedro
Cayo Cucubao
Cayo la Alegría
Pasa de los Garzones
Cayo Toro
Punta Brava
Caonao
Esmeralda
Alvarado
Hasta la Victoria
La Redonda
Bahía de la Gloria
Corea
Pablo
Trucutú
Donato
Jaronú
Jiquí
Lombillo
Llanura Septentrional
Palma City
Playa Piloto
Ensilú
María Lola
Mamanatuabo
149
146
PARQUE
La Gloria
La Loma
Mascota
Lázaro
Beltrán
Cubita
Las Veguitas
265
Imías
Indio Hatuey
Corojo
Don Eduardo
Magarabomba
Embalse Porvenir
Sierra de Cubitas
Sola
La Gabriela
La Cuarenta y Seis
NACIONAL
Cueva de los Generales
Crucero Piedrecitas
Pueblo Nuovo
Aljibito
El Colorado
Piedrecitas
309
Paso de Lesca
Emb. Máximo
Ramona
Embalse de Pontezuela
La Candelaria
Acueducto
Loma el Mirador de Limones
Cangilones del Río Máximo
Senado
Embalse Pastora
Carlos Manuel de Céspedes
Embalse Caonao
175
Loma la Ceiba
Embalse Montecitos
196
244
La Jagua
Las Parras
Presa Hidráulica Cubana
Minas
Raya
San Antonio
Florida
Las Margaritas
Camagüey
San Jerónimo
Algarrobo
El León
La Fundición
Altagracia
San Serapio
79
La Vallita
Embalse Muñoz
La Ceiba
Redención
Las Ciegas
Conquista
Santa Rita
I. Agramonte
Antón
Las Ánimas
Tomatera
Manzanillo
Embalse Durán
La Caridad
CAMAGÜEY
(105)
Saramaguacán
El Trece
Valle Grande
Venera
La Trinidad
Las Yeguas
Manantiales
Embalse Palmarito
Santa Rosa
Vicio
Vertientes
Ignacio
El Tamarindo
El Chorro
Capitán
Vista del Príncipe
La Punta
Jimaguayú
Siboney
Leiva Uno
158
Presa Jimaguayú
Limones
Altamira
Pajones Uno
Contramaestre
La Lima
Jagüey
Batalla
La Matilde de Cañera
El Junco
Blanco Castillo (Ciudad Perdida)
Toros Uno
La Loma
Emb. Najasa
119
124

Sancti Spíritus
Ciego de Ávila
Jatibonico
Majagua
Guayacanes
Siguaney
Taguasco
Aeropuerto
Sergio González
Pelayo
Presa Zaza
Paredes
Guasimal
Cayo Yero
Heriberto Orellanes
Peralejo
Jíbaro
Mapos
Siete de Noviembre
Tunas de Zaza
El Mégano
Limpio Abarcas
El Cedro
Júcaro
Punta Garapacho
Venezuela
Silveira
Sanguily
Limones Palmero
La Sierpe
Los Marañones
Las Nuevas
El Patio
Bernal Uno
Orlando González
Roberto Rivas
La Yaba
Victoria
La Ofelia
Moreno
La Susana
Vallejo
Cagüeira
Playa Tayabacoa
Punta del Ciego
Pojabo
San Antonio
Banao
Loma de Banco
Loma la Gloria
Gavilanes
Las Tosas
Cabaiguán
La Güira
Pedrera
Estero del Tolete
Punta Colorada
Ensenada de las Canarias
Golfo de Ana María
Cayo Flamenco
Cayo Guásimas
Cayo Arenas
Canal Paloma
Cayo Bretón
Punta Bretón
Cayos Cinco Balas
Cayo Alcatraz
Punta de Boca
Canal Boca Grande
Cayo Grande
Cayo Caballones
Laguna Mangle Alto
Cayo Anclitas
Laguna las Anclitas
Cayo Cuervo
Cayos Manuel Gómez
Cayo Piedra Grande
PARQUE NACIONAL DE JARDINES DE LA REINA
Laberinto de las Doce Leguas
Archipiélago de los Jardines
Mar Caribe

119
E
F
1
2
3
4
5
6
Cacahual
Pozo Viejo
Villa
San Antonio
Primero de Enero
Boca de Nasa
La Treinta
Mameyal
Laguna Guanamar
Mijial Tres
Ceballos
Loma la Carolina
La Lucía
Grua Nueva
Pedro Ballester
Tabor
Maduro
Playa Jigüey
Ens. del Tío Pedro
Jucaro-Morón
La Cuba
Santa Teresa
Pesquería
Corea
Caonao
Esmeralda
Alvarado
Hasta la Victoria
La Redonda
El Frútero
Trucutú
Donato
Jiquí
Jaronú
Lombillo
Llanura
Crucero de Baraguá
Crucero de Gaspar
Pablo
Mamanatuabo
Coloradas
Colorado
Gaspar
Ensilú
María Lola
PARQUE
NACIONAL
La Loma
Mascota
Lázaro
Beltrán
Las Veguitas
Cubitas
Sierra
Baraguá
San Pedro
Corojo
Don Eduardo
Magarabomba
La Cuarenta y Seis
Embalse Porvenir
Crucero Piedrecitas
Pueblo Nuevo
Paso de Lesca
Aljibe
Piedrecitas
Pueblo Nuevo de San Diego
Ramona
La Candelaria
Embalse de Pontezuela
Acueducto
Loma el Mirador de Limones
Emb. Baraguá
Embalse Pastora
Carlos Manuel de Céspedes
Embalse Caonao
Loma la Ceiba
La Alina
La Jagua
Las Parras
Estero de Santa Ana
La Raya
San Antonio
Florida
Las Margaritas
Camagüey
San Jerónimo
Algarrobo
El León
La Fundición
Altagracia
San Joaquín
Playa de Florida
Mala Fama
Embalse Muñoz
La Vallita
La Ceiba
I. Agramonte
Estero la Jatia
La Tomatera
Las Ciegas
Conquista
Santa Rita
Embalse Durán
La Caridad
CAMAGÜEY
Punta Remate
Las Yeguas
El Trece
Manzanillo
Valle Grande
Venera
Santa Rosa
Manantiales
Embalse Palmarito
Vertientes
Vista del Príncipe
La Punta
Jimaguayú
Canal Santa María de Afuera
Vicio
Capitán
El Chorro
Leiva Uno
Presa Jimaguayú
Limones
Contramaestre
Altamira
Llanura Meridional
Cayo Santa María
La Lima
Jagüey
Pajones Uno
Vista Hermosa
La Loma
El Junco
Punta de Potrerillo
Blanco Castillo (Ciudad Perdida)
Toros Uno
Concordia
Embalse La Jia
Cayo Algodón Grande
El Alazán
El Brazo
El Ciego
Canal de Algodoncito
San Carlos Uno
Aguilar
Najasa
San José de Palomares
Punta Macurijes
Laguna Lamar (Lag. de Guano)
Blanquizal
San Carlos Seis
Cuatro Compañeros
Santa Adela
Garrapatica
Punta de las Alegrías
Santa Ana
Emb. Najasa 2
La Esperanza
Forestal
Curajaya
Jagua Tres
Punta Palizón
Negro
Raúl Tres
San José Dos
REINA
El Carmen
Cupertina
Aluera
Macuto Dos
Sabanilla
Cándido González
Narcisa Uno
Los Ingleses
La Caobita
La Catalina
Haití
Cayos Cutauro
Cayos Pingües
Estero Sabanalamar
Cayos Pilón
Cayo la Cafetera
Cayo Yuraguana
Santa Cruz del Sur
Ensenada Manopla
Estero Esterón
Cayos Cachiboca
Pasa de San Juan de Tierra
Boca de Juan Grin
Cayos Mate
Cayo María Velache
Canal Ingleses
Canal Pasa Ancha
Cayo Punta Afuera
Cayo Caguamas
Cayo Cabeza del Este
Punta Cabeza del Este
Cayo Media Luna
(Jardines) de la Reina
15km
Canal de Juan Suárez
102
132
166
201
251
402
123
CC
109
81
32
3

A
B
C
119
1
2
3
4
5
6
Cayo
Cruz
Punta
la Laguna
Cayo
los Machos
Punta el
Inglés
Romano
Pasa de los Garzones
Cayo la
Alegría
Cayo
Cucubao
Punta
Brava
Cayo
Toro
Cayo
Guajaba
Punta
Cruz
Redonda
Bahía de la Gloria
Cayo
Loquera
Ensenada
Honda
Palma City
Playa Piloto
Llanura Septentrional
Punta
Piedra
La Gloria
Cayo
Sifonte
Laguna
Tortuguilla
Imías
Indio Hatuey
Punta
Central
Punta
Maternillos
Sierra de Cubitas
Sola
La
Gabriela
Mola
Ensenada de Sabinal
Cayo
El Jato
Ensenada
Playa Bonita
Cueva de
los Generales
Ensenada de Mayanabo
Sabinal
Bahía de Mayanabo
Aljibito
El Colorado
San Luis
Playa Coco
Emb.
Máximo
309
el Mirador
Limones
Cangilones
del Río Máximo
Senado
Lugareño
San
Jacinto
Puerto
Tarafa
Playa
Santa Lucía
Playa
Santa Lucía
Nuevitas
San
Agustín
Embalse
Montecitas
196
244
Paradero
Santa Rita
Residencial
La Boca
Las Ochenta
Presa Hidráulica
Cubana
Minas
El Chalén
Bahía
de Nuevitas
Punta Sotavento
Altagracia
San
Serapio
Crucero de
Lugareño
Santa
Isabel
Cansino
San Miguel
de Baga
El Gual
Playa
Victoria
79
Redención
Bahía
de Nuevas
Grandes
Agramonte
Antón
California
Najarro
El Sao
Santa
Lucía
El
Tropezón
Las Animas
Saramaguacán
Yumaisy
Camalote
Alto Arriba
San
Bernardo
Jucaral
Cayo
Confite
La
Tasajera
La Trinidad
Yamaqueyes
La
Prudencia
Mascota
Polier
La
Victoria
Presa la Manana
de Santa Ana
Ignacio
Loma Jacinto
Monte
Grande
El
Tamarindo
Sibanicú
246
San
Pablo
El
Caimito
Camagüarí
Rincón
Siboney
Cascorro
Kilómetro
Veinte y dos
Batalla
de Guisa
La Matilde
de Cañera
Hatuey
129
297
La Ceiba
Carvajal
198
La Yaya
Loma la Deseada
Emb.
Najasa 1
Martí
Palo
Seco
Galbis
Mastrapa
Cerro
Caisimu
La Unión
Najasa
Cuatro
Caminos
Bartle
Jobabito
Entronque
Lebanón
El Pilan
El Porvenir
Guáimaro
El Diez de
Macagua
Río Bla
Albaflores
Belén
196
El Quince
Colombia
149
El
Seis
de Macagua
LAS
TUNAS
Becerra
Las
Pulgas
Reforma
Arroyo
Blanco
Santa
Adela
San
Rafael
Jobabo
El
Doce
Sirven
La
Piedra
San Alberto
Uno
Las Tunas
El Níspero
Pueblo Viejo
San José
La
Caridad
Ramírez
Sabanita
Cubitas
Amancio
El Paraiso
Las
Veinte
La
Lomita
Tana
Potosí
321
Dormitorio
Tuli
Haití
Gamboa
El Indio
Los Cocos
Santa
Beatriz
Sitro Viejo
Santa
Rosalía
Sábalo
Santa Isabel
Yaguimo
Sevilla
Camagüeycito
Puente
Guillén
Guayabal
Playa
Habanero
Laguna de Birama
Laguna Santa Rosalía
Embalse
Leonero
Cayos
Bayameses
124
122
Punta
Birama
Ensenada Birama
Laguna Grande
Guamo
Cayos
de Sevilla
Henequén
Cauto
Guamo

D
E
F
1
2
3
4
5
6
15km
OCÉANO
TLANTICO
Punta Brava
Ensenada de la Herradura
Punta Jesús
Puerto Manatí
Playa Cobarrubias
Bahía de Malagueta
Bahía de Manatí
Punta Piedra
Bahía de Puerto Padre
Playo Uvero
Punta Uvero
El Socucho
Playa las Bocas
Playa la Herradura
Puerto Carúpano
Juan Antonio
Pozo Blanco
Playa de Caletones
Pozo Prieto
Puerto Padre
Delicias
Jesús Menéndez
Cordero
San Francisco
San Manuel
Guaranal
Punta Bejuquero
Bahía de Gibara
Punta Linguete
Playa Blanca
Bahía de Bariay
Vázquez
Maniabón
La Fabiola
Los Hoyos
Chaparra
San Juan
Guardarraya
Gibara
Velasco
Bocas
Loma del Cedro
Santa Elena
Rafael Freyre
Piedra Hueca
Vedado Nueve
Arroyo Seco
Floro Pérez
Fray Benito
Loma las Tinajitas
Bariay
Salgacero Uno
San Martín
Uñas
Santa María Quince
San Julián
Guabasibo
San Agustín
San Andrés
Amasabo
Aguas Claras
Sao Arriba
Grupo de Maniabon
Los Llanos
El Tamarindo
Las Cabañas
Las Biajacas
Las Margaritas
Bijarú
Naranjo
Las Parras
Buenaventura
Yareyal
Embalse Güirabo
HOLGUÍN
Charco Prieto
La Posta
Omaja
Cohatal
F. Pais
Mirador de Mayabe
Don Pedro
Cañamazo
Báguanos
Sabanazo
Pozo Viajo
Mir
Sao Piedra
Maceo
Cristino Naranjo
Holguín
San Cruz
San Luis
Monte Alto
Cacocum
La Caridad
Rejondon
Tacámara
Limpio Chiquito
El Nispero
Cueto
Salado
Estrada
Tasajera Dos
Altagracia Uno
Barajagua
Los Güayitos
Tranquera
Jimmy Hirzel
Urbano Noris
123
125

122
124
A
B
C
1
2
3
4
6
Siboney
Tamarindo
Sibanicu
Cascorro
San Pablo
El Caimito
Camaguarí
Rincón
Kilómetro Veinte y dos
Batalla de Guisa
La Matilde de Cañera
Hatuey
129
La Ceiba
Loma la Deseada
Carvajal
La Yaya
Martí
Palo Seco
Galbis
Mastrapa
Cerro Caisimu
Emb. Najasa 1
Najasa
La Unión
Cuatro Caminos
Jobabito
Bartle
Entronque Lebanón
Ciego
El Pilan
El Porvenir
Guáimaro
El Diez de Macagua
Albaflores
Becerra
Belén
El Quince
Colombia
El Seis de Macagua
LAS TUNAS
Las Pulgas
Reforma
Arroyo Blanco
Santa Adela
San Rafael
Jobabo
El Doce
Sirven
La Piedra
San Alberto Uno
Las Tunas
El Níspero
Pueblo Viejo
San José
La Caridad
Ramírez
Sabanita
Cubitas
Amancio
321
El Paraiso
Tana
Potosí
Dormitorio
Las Veinte
La Lomita
Tuli
Gamboa
El Indio
Los Cocos
Santa Beatriz
Sitro Viejo
Santa Rosalia
Sábalo
Santa Isabel
Guayabal
Playa Habanero
Camagüeycito
Puente Guillén
Laguna de Birama
Laguna Santa Rosalía
Cayos Bayameses
Cayo Romero
Punta Birama
Embalse Leonero
Ensenada Birama
Laguna Grande
Guamo
Cayos de Sevilla
Henequén
Cauto
Guamo Viejo
Cayo Culebra
El Mamgo
Río
Punta Amansaguapo
Laguna Carena
Fernando Echenique
Cayo Rabihorcado
Granma
Laguna las Playas
Docey Medio de Ovejuela
Punta de Buey
Golfo de Guacanayabo
Ensenada Moboa
Punta la Orúa
Cayos Manzanillo
Santa María
Manzanillo
Blanquizal
Bueycito del Gallego
Las Novillas
Cayo de Guá
Ciudad Pesquera
Cayo Redondo
Yara
Troya
San Francisco
Campechuela
José Martí
San Ramón
Palmarito
Paquito Rosales
Mateo Romas
Bartolomé Masó
90
Media Luna
Los Guayos
Guá
San Diego
El Jíbarol
Cienaguilla
Cayos Balandras
Las Mercedes
Niquero
GRAN PARQUE NACIONAL SIERRA MAESTRA
Punto Nuevo
712
PARQUE NACIONAL DESEMBARCO DEL GRANMA
San Lorenzo
La Marea de Limones
Sevilla Arriba
Cinco Palmas
746
1294
Pico Caracas
Punta Borlón
Bélic
Los Coloradas
Alegría de Pío
Marea del Portillo
Mota Uno
El Salvial
Meseta de Cabo Cruz
Punta Casimba
Pilón
Ensenada de Mora
Punta las Llanas
Corcovado
Punta Hicacos
Cabo Cruz
Punta Monje
Ens. el Real
Ensenada Ojo del Toro
Ensenada de la Campana
Punta del Inglés

D
E
F
123
Pozo Prieto
Puerto Padre
Delicias
Puerto Carúpano
Jesús Menéndez
Antonio
Pozo Blanco
Playa de Caleta
Punta Bejuquero
Cordero
San Francisco
San Manuel
Guaranal
Vázquez
Maniabón
Los Hoyos
San Juan
Guardarraya
Gibara
Bahía de Gibara
Bahía de Bariay
Punta de Lingueta
Playa Blanca
Piedra Hueca
Vedado Nueve
Velasco
Bocas
Loma del Cedro
Santa Elena
Rafael Freyre
Salgacero Uno
Arroyo Seco
Floro Pérez
Uñas
Fray Benito
Loma las Tinajitas
Bariay
San Julián
San Martín
Guabasibo
Santa María Quince
San Agustín
San Andrés
Amasabo
Aguas Claras
Sao Arriba
Grupo de Maniabón
Los Llanos
El Tamarindo
Las Cabañas
Las Biajacas
Las Margaritas
Bijarú
Naranjo
Las Parras
Buena-ventura
Yareyal
HOLGUÍN
Charco Prieto
La Trocha
Posta
Omaja
Cohatal
Embalse Güirabo
Cañamazo
Sabanazo
Pozo Viajo
F. País
Mirador de Mayabe
Don Pedro
Báguanos
Mir
Sao Piedra
Maceo
Cristino Naranjo
San Cruz
San Luis
Monte Alto
Cacocum
La Caridad
Rejondón
Tacámara
Limpio Chiquito
Estrada
El Nispero
Cueto
Doce
Tasajera Dos
Salado
Altagracia Uno
Barajagua
Los Güayitos
Jimmy Hirzel
Tranquera
La Julia
Urbano Noris
Cauto Embarcadero
Embalse Cauto El Paso
Cauto Cristo
Algodones Dos
Calera
Parana
Cautillo Abajo
Cauto la Yaya
Flora
Alto
Guasimilla
Babiney
Papi Lastre
Dos Ríos
Lora
Llanura del Cauto
Guacanayabo
El Coco
Santa Elena
Mango
Las Mangas
C.-M. de Céspedes
Embalse las Villas
Mije Hueco
Emb. Protesta de Baraguá
El Caserío
Ya Veremos
Contramaestre
BAYAMO
Loma del Yarey
Mobay
Julia
Santa Rita
Jiguaní
Palmarito de Cauto
Baire
Contramaestre
Guaninao
Barranca
El Dátil
El Horno
Guisa
Charco Redondo
Maffo
Dos Ríos
La Teodora
Bueycito
Corojito
Santa Bárbara
Los Negros
Embalse Carlos Manuel de Céspedes
Aguacate
Palma Soriano
Embalse Bueycito
Nuevo Yao
Los Horneros
Victorino
Matías
Ramón de Cuaninao
Buey Arriba
San Pablo
Cruce de los Baños
Presa Gilbert
Dos Palmas
Ballaire
El Franco Arriba
La Colorada
La Marsellesa
PARQUE NACIONAL DE TURQUINO
Pico Bayamesa
1730
Loma el Jobo
1128
La Yamagua Abajo
PARQUE NACIONAL
El Cobre
El Brazón 1974
Pico Real del Turquino
El Codillo
Cabagan
Castillo del
Chivirico
Las Coloradas
Caletón Blanco
Uvero
Bayamita
Punta Tabacal
Las Cuevas
Ocujal
Punta Bayamita
Ensenada de las Mulas
Santiago de
Bahía de Santiago
15km
1
2
3
4
5
6

A
B
C
Playa Guardalavaca
Guardalavaca
Bahía Naranjo
Puerto Anturo
Chorro de Maita
Guayacanes
Cañadón
Bahía Río Seco
Cabo Lucrecia
Ensenada de Lucrecia
Cuatro Palmas
El Colorado
Los Angeles
Progreso
El Retrete
Museo Baní-Indocubano
Punta de Mulas
Los Pasos
Banes
Codínez
Cortaderas
Embarcadero de Banes
Boca de la Bahía de Banes
Holguín
Macabí
Bahía de Banes
Pedregal
Punta Mangle
Canalito
Antilla
El Ramón
Deleite
Punta Verraco
Punta Mayarí
Cayo Saetía
Bahía de Nipe
Guatemala
Carbonera
Bahía de Levisa
Bahía Sagua de Tánamo
Bahía Saltadero
Bahía de Yaguaneque
Herrera
Felton
Punta Cuaba
Guanina
Guay
Nicaro
Garriga
Canal Dos
Guaro
Mayarí
Santa Rita
Levisa
Cayo Mambí
Cebolla Cuatro
Río Grande
Embalse Nipe
Manacal Cinco
El Cocal
La Italiana
462
El Manguito
Micara
Cananova
Cananova
Loynaz Hechevarrí
Sagua de Tánamo
El Sitio
Los Indios
455
653
Pico del Cristal
1231
Birán
865
562
393
Tres Palmas
N.P. DE LA MENSURA
N.P. Sierra del Cristal
DE PICO CRISTAL
Cedro
Altiplanicie de Nipe
Arroyo Seca
Los Caroes
Calabazas
Naranjo Agrio
El Quince
Mayarí Arriba
PARQUE NACIONAL
La Escondida
El Manguito
Limonar
Emb. Protesta de Baragua
Mella
Chamarreta
DE ALEJANDRO
Palenque
La Calabaza
Bayate
786
La Palizada
DE HUMBOLDT
Felicidad
Boquerón
La Cucaracha
Jarahueca
Matahambre
Valle Central
Chile
La Prueba
Carrera Larga
El Salvador
Argeo Martínez
Casimba Arriba
Paquito Rosales
Perseverancia
Jamaica
San Luis
Dos Caminos
La Maya
Los Reynaldos
Costa Rica
Manuel Tames
Tetuán
Alto Songo
GUANTÁNAMO
El Cristo
Yerba de Guinea
Niceto Pérez
Los Caños
Melgarejo
Boniato
El Aguacate
Vilorio
Paraguay
Maquey
El Caney
PARQUE NACIONAL DE GRAN PIEDRA
El Ramón
Virgen del Cobre
SANTIAGO DE CUBA
Gran Piedra
Filipinas
Cayamo
Casimba
Caimanera
Yateritas
A. Maceo
El Morro
Bejuquera
Mártires de la Frontera
Ensenada de Joa
Siboney
PARQUE NACIONAL DE BACONAO
Punta Gorda
Granjita Siboney
Baconao
Laguna Baconao
US Naval Base
Hatibonico
Punta Barlovento
Bahía de Guantánamo
Cuba
Mar
15km

D
E
F
1
2
3
4
5
6
OCÉANO ATLANTICO
Cayo Moa Grande
Acosta
Bahía Yaguasey
Bahía Cayo Moa
Punta Gorda
Punta Guarico
Bahía de Cañete
Quemado del Negro
Yamanigüey
Punta del Mangle
Punta Barlovento
Cuchillas de Moa
Santa María
1175
Pico del Toldo
La Vega de Taco
Morel
Maguana
Arroyo Bueno
709
Cayo Güin
Boca del Toa
676
Yunque de Baracoa
Paso de Toa
921
Arroyo del Medio
Pico Galán
974
Toa
Baracoa
Punta Rama
Fortaleza Matachín
Bahía de Mata
Boca de Yumurí
Punta del Fraile
Bernardo
35
Vega del Toro
15
Jamal
Los Hoyos
Viaducto La Farola
Sabana
Punta de Maisí
Maisí
Punta de Quemado
Arroyo Fría
Puriales de Caujerí
712
Baracoa
Sabanilla
Mosquitero
45
Los Panchos
Capiro
Yumurí
Cagüeybaje
603
La Cuchilla
La Maquina
Sierra del Purial
La Farola
Sierra de Mariana
44
Sabaneta
Pico el Gato
1176
Jojo
27
Los Llanos
La Tinta
San Ignacio
Mariana
747
Bahía de Ovando
Paso de los Vientos
San Antonio del Sur
133
Imías
15
Cajobabo
46
Punta Negra
Jauco
Punta Caleta
20
Macambo
Punta Imías
Bahía de Imías
Baitiquirí
24
Bahía Sabanalamar
Bahía de Baitiquirí
Tortuguilla
Guantánamo
Caribe

Hier sind alle erwähnten Orte und Ausflugsziele sowie wichtige Stichworte und Namen verzeichnet. Halbfette Seitenzahlen verweisen auf den Haupteintrag, kursive auf ein Foto.

Schreiben Sie uns!

Liebe Leserin, lieber Leser,

wir setzen alles daran, Ihnen möglichst aktuelle Informationen mit auf die Reise zu geben. Dennoch schleichen sich manchmal Fehler ein – trotz gründlicher Recherche unserer Autoren/innen. Sie haben sicherlich Verständnis, dass der Verlag dafür keine Haftung übernehmen kann. Wir freuen uns aber, wenn Sie uns schreiben.

Senden Sie Ihre Post an die MARCO POLO Redaktion,
Mairs Geographischer Verlag, Postfach 31 51, 73751 Ostfildern,
marcopolo@mairs.de

Impressum

Titelbild: Kapitol in Havanna mit amerikan. Straßenkreuzer (Huber: R. Schmid)
Fotos: Distefora: Bognàr (92); Foto-Presse Timmermann (9); G. Froese (2 u., 88); R. Hackenberg (U M., U r., 14, 17, 21, 44, 66, 68, 69, 76, 78, 81, 87, 96); HB-Verlag (4, 26, 49); Huber: Schmid (107); F. Ihlow (20, 62); Lade: Ihlow (53), Meissner (28), Walter (6), Welsh (55); laif: Tophoven (5 o., 18, 34, 36, 56, 73, 90), Gonzales (41); Mauritius: Gierth (5 u., 65), Murillo (32); C. Piepenburg (38); P. Spierenburg (24); M. Thomas (U l., 1, 2 o., 7, 11, 12, 22, 27, 46, 57, 58, 74, 82, 85, 94)

8., aktualisierte Auflage 2004 © Mairs Geographischer Verlag, Ostfildern
Herausgeber: Ferdinand Ranft, Chefredakteurin: Marion Zorn
Redaktion: Jochen Schürmann, Bildredakteurin: Gabriele Forst
Kartografie Reiseatlas: © Mairs Geographischer Verlag/Falk Verlag, Ostfildern
Gestaltung: red.sign, Stuttgart
Sprachführer: in Zusammenarbeit mit dem Ernst Klett Verlag GmbH, Stuttgart, PONS Wörterbücher

Printed in Germany. Gedruckt auf 100% chlorfrei gebleichtem Papier

Bloß nicht!

Sie können sich den Kuba-Aufenthalt erleichtern – aber auch erschweren

Verletzend sein
Vergessen Sie nicht, dass Sie Gast in Kuba sind. Lateinamerikaner generell und insbesondere die Kubaner sind stolz und selbstbewusst und nehmen z. B. Kritik an ihrem Land schnell persönlich. Wenn Ihnen etwa missfällt, sagen Sie es nicht direkt heraus.
So sehr Direktheit in Deutschland geschätzt wird, so verletzend empfinden sie die Kubaner. Mit Diplomatie kommen Sie weiter.

Oben ohne
In den Augen vieler Kubaner ist »Oben ohne« ein Zeichen für den Sittenverfall Europas. Das sollte wissen, wer auf nahtlose Bräune erpicht ist. Zwar wird Oben ohne an den Stränden der All-Inclusive-Resorts inzwischen geduldet. Aber dort sollen sich Kubaner ja auch möglichst nicht aufhalten. Merke: Ein bisschen Rücksicht könnte die Spannungen weiter abbauen, die sich zwischenzeitlich zwischen Reisenden und Bereisten auf Kuba aufgebaut haben.

Drogen nehmen
Die einzigen staatlich anerkannten Drogen sind Musik, Alkohol und Arbeit für das Gemeinwohl. Die Revolutionäre veränderten die Welt nicht im Haschisch- oder Marihuanarausch, sondern unter hohem Blutzoll mit der Waffe. Obwohl Kuba zeitweise – mit dem Alibi, den USA zu schaden – den Drogenhandel Kolumbiens gewinnbringend unterstützte, ist der Konsum von Kokain, Haschisch oder Marihuana streng verboten. Wer mit Drogen erwischt wird, macht Bekanntschaft mit einem kubanischen Gefängnis.

Zu gutgläubig sein
Es gibt in Lateinamerika kaum ein sichereres Land als Kuba. Dennoch sollten Sie vor allem nach Einbruch der Dunkelheit dahergelaufenen Anbietern von Privatquartieren nicht zu gutgläubig folgen. Es hat unter solchen Straßenverkäufern von *casas particulares* auch schon schwarze Schafe gegeben, die nur auf die Barschaft ihrer Gäste aus waren und sie bei nächster Gelegenheit ausgeraubt haben. Suchen Sie Ihre Unterkunft bei Tageslicht!

Kindern Geld geben
Betteln ist Kindern auf Kuba aus gutem Grund verboten. Erstens muss keines Hunger leiden, und zweitens verdirbt Betteln im Erfolgsfall die Arbeitsmoral. Trotzdem halten viele Knirpse gern die Hände auf, wenn sie Touristen sehen. Vermeiden Sie es vor allem, Geld zu geben. Besser sind kleine, nützliche Dinge wie z. B. Kugelschreiber. Für bettelnde Kinder werden auf Kuba übrigens die Eltern bestraft.